美食中華

八大菜系與文化內涵

錢佳欣 編著

崧燁文化

目錄

序言 美食中華

文化是民族的血脈，是人民的精神家園。

文化是立國之根，最終體現在文化的發展繁榮。博大精深的中華優秀傳統文化是我們在世界文化激盪中站穩腳跟的根基。中華文化源遠流長，積澱著中華民族最深層的精神追求，代表著中華民族獨特的精神標識，為中華民族生生不息、發展壯大提供了豐厚滋養。我們要認識中華文化的獨特創造、價值理念、鮮明特色，增強文化自信和價值自信。

面對世界各國形形色色的文化現象，面對各種眼花繚亂的現代傳媒，要堅持文化自信，古為今用、洋為中用、推陳出新，有鑑別地加以對待，有揚棄地予以繼承，傳承和昇華中華優秀傳統文化，增強國家文化軟實力。

浩浩歷史長河，熊熊文明薪火，中華文化源遠流長，滾滾黃河、滔滔長江，是最直接源頭，這兩大文化浪濤經過千百年沖刷洗禮和不斷交流、融合以及沉澱，最終形成了求同存異、兼收並蓄的輝煌燦爛的中華文明，也是世界上唯一綿延不絕而從沒中斷的古老文化，並始終充滿了生機與活力。

中華文化曾是東方文化搖籃，也是推動世界文明不斷前行的動力之一。早在五百年前，中華文化的四大發明催生了歐洲文藝復興運動和地理大發現。中國四大發明先後傳到西方，對於促進西方工業社會發展和形成，曾造成了重要作用。

中華文化的力量，已經深深熔鑄到我們的生命力、創造力和凝聚力中，是我們民族的基因。中華民族的精神，也已

深深植根於綿延數千年的優秀文化傳統之中，是我們的精神家園。

總之，中華文化博大精深，是中華各族人民五千年來創造、傳承下來的物質文明和精神文明的總和，其內容包羅萬象，浩若星漢，具有很強文化縱深，蘊含豐富寶藏。我們要實現中華文化偉大復興，首先要站在傳統文化前沿，薪火相傳，一脈相承，弘揚和發展五千年來優秀的、光明的、先進的、科學的、文明的和自豪的文化現象，融合古今中外一切文化精華，構建具有中華文化特色的現代民族文化，向世界和未來展示中華民族的文化力量、文化價值、文化形態與文化風采。

為此，在有關專家指導下，我們收集整理了大量古今資料和最新研究成果，特別編撰了本套大型書系。主要包括獨具特色的語言文字、浩如煙海的文化典籍、名揚世界的科技工藝、異彩紛呈的文學藝術、充滿智慧的中國哲學、完備而深刻的倫理道德、古風古韻的建築遺存、深具內涵的自然名勝、悠久傳承的歷史文明，還有各具特色又相互交融的地域文化和民族文化等，充分顯示了中華民族厚重文化底蘊和強大民族凝聚力，具有極強系統性、廣博性和規模性。

本套書系的特點是全景展現，縱橫捭闔，內容採取講故事的方式進行敘述，語言通俗，明白曉暢，圖文並茂，形象直觀，古風古韻，格調高雅，具有很強的可讀性、欣賞性、知識性和延伸性，能夠讓廣大讀者全面觸摸和感受中華文化的豐富內涵。

肖東發

堂正中和 魯菜

　　魯菜是山東菜系，歷史悠久，其孕育期可追溯至春秋時期，在秦漢時期得到了進一步發展，南北朝時趨於成熟，到宋代自成一大菜系，明清時進入宮廷，成為宮廷最大的菜系。在漫長的歷史發展過程中，魯菜對其他菜系乃至整個中國飲食文化影響深遠。

　　魯菜是中國北方廣大地區的流行菜系，被譽為「堂正中和」、「大方高雅」的菜品。魯菜由齊魯、膠東、孔府三個菜系組成，並以孔府風味為龍頭，以濟南菜為代表，在山東北部、天津、河北十分盛行。

▌春秋時期孕育魯菜產生

■瑤池仙樂圖

傳說古時在山東沂蒙山，有一位叫沂花的女孩，她是觀音的使女。後來，沂花跟觀音菩薩到了南海，但她照樣思念家鄉的爹娘。

有一天，觀音去赴王母娘娘的蟠桃會，讓沂花捧著玉淨瓶一起去赴宴。當沂花與觀音經過沂蒙山區上空時，沂花看到家鄉到處是荒山禿嶺，人們連水都沒有吃的，她想爹娘和鄉親們怎麼過日子啊？

沂花看得眼淚汪汪，就趁觀音不注意，用楊柳枝兒蘸著玉淨瓶裡的神水往下面灑了幾滴。霎時間，沂蒙山裡喜降大雨，山山嶺嶺百花盛開，萬木蔥蘢。

沂花與觀音菩薩到了瑤池仙宮。王母除了給每位神仙準備幾個蟠桃和一瓶仙酒外，還特意準備了精美的宴席。宴席一開始，觀音菩薩就把仙酒喝多了。

　　沂花扶著醉倒的觀音菩薩離開宴席去小睡，她想觀音菩薩醉了不可能再吃宴席了，那份宴席浪費了怪可惜的，何不拿回家去給正在餓飯的父母享用呢？想到這，她趁觀音菩薩睡熟時，把那份席宴拿著匆匆往家趕去。

　　沂花回到家後，把宴席獻給了父母。沂花父母看到鄉親們同樣在餓飯，不願獨自享用，便把宴席分給了鄉親們。

　　鄉親們也捨不得吃，都把分得的神仙食品帶回家，拌上自家的粗菜淡飯，重新進行了精心製作。人們吃了這樣的菜食後，都感到非常好吃。從此，人們就按照這樣的做法做菜，並一直流傳下來，使得這裡的美食非常發達。

　　傳說只是傳說，其實早在四五十萬年前，山東沂源附近，就生活著一群沂源猿人。沂源地處山東中部，山清水秀，環境優美，特別適合人類生存。考古工作者在山東歷城附近發現了約西元前四千六百年至西元前四千年的龍山文化，出土的陶器主要器形有杯、盤、碗、盆、罐、鼎、甑、器蓋、器座、鬲等。

　　到東周初年，周武王為了酬謝開國功臣呂尚，便封他於齊，呂尚後來建立了齊國，其疆域大致在山東偏北的大部，東邊靠海，西南和莒、杞、魯等小國接界，國都在臨淄。

美食中華：八大菜系與文化內涵

堂正中和 魯菜

　　在春秋初期，齊國透過不斷兼併周邊小國，國力進一步強盛。齊桓公小白上臺後，他任管仲為相，進行改革，使得齊國國力進一步加強，成為了當時第一強國。

　　這一時期，齊國菜餚便嶄露頭角，它以牛、羊、豬為主料，還有家禽、野味和海鮮。對當時的烹飪要求及風尚嗜好，有許多文字記載。

　　據記載，齊國當時名廚輩出，齊桓公的寵臣易牙就是一個高明的廚師。易牙運用調和技術進行烹飪，做的菜味道很好。

　　有一次，齊桓公對易牙說：「寡人嘗遍天下的美味，現在吃什麼都覺得沒有味了，簡直覺得非常的遺憾啊！」

　　易牙把齊桓公的話牢記在心，他就精心為齊桓公做了一道具有特別風味的菜，齊桓公吃了後大加讚賞，從此十分寵信易牙。

　　易牙為了討齊桓公歡心，就天天為齊桓公做不同花樣、不同風味的菜。後來人們就把他所創製的菜叫齊國菜，人們還爭相效仿，使得齊國的美食文化十分普及。

　　有一次，齊桓公的妃子衛姬不舒服，不思飲食，這可急壞了齊桓公。易牙知道了這個情況後，又瞭解到衛姬的病情是思慮太多，以致造成了食之無味。於是，他便取五味子與母雞清燉，創製了食療菜「易牙五味雞」。

　　易牙看準機會，把這道能治病的菜獻給衛姬，衛姬吃了之後，病就好了。於是，衛姬就經常吃易牙做的食物，而且在齊桓公面前經常誇獎易牙，易牙以此深受齊桓公的賞識。

易牙把烹飪和醫療結合起來，創造了食物療養菜，成為了當時的一大創舉。後來，易牙為齊桓公九會諸侯製作了「八盤五簋」全席，其中就有這道「五味雞」的菜。

易牙因為做菜深得齊桓公喜歡，後來管仲去世後，齊桓公想立易牙為相。後世人撰寫食經之類的作品，都託名是易牙創作的。例如，後來明代人韓奕，曾經以造、脯、蔬菜、籠造、爐造、糕餅、齋食、諸湯和諸藥八類內容編成一書，書名就托稱為《易牙遺意》。另外，明代人周履靖著的《續易牙遺意》，也是託名的仿古食經之作。

在齊景公時期，有一位著名的賢相叫晏子，有一次齊景公問晏子：「相和與相同有什麼不一樣呢？」

晏子便借用烹飪調味的道理對齊景公作了生動形象的解釋。他說：「不一樣。相和好比是做湯羹，用水、火、醋、醬、鹽、梅子來烹調魚肉，就好像要用柴禾燒煮，廚師調和味道，在於使之適中，味道太淡要使之變濃，味道過於濃厚，要使之設法沖淡。君子吃了這種羹湯，就會心平氣和。」

晏子的這段話，雖然是在論述君臣之間的關係，但卻從反面揭示了烹飪調味的最高境界，那就是「和」。不過，這種「和」在烹飪中除了調味以外，還表現在很多方面。比如配菜要講究原料的「和」，用火要講究輕重緩急與所烹製的原料相適「和」，宴席中則要講究菜餚與菜餚之間相配「和」等。

美食中華：八大菜系與文化內涵

堂正中和 魯菜

齊國大夫管仲在管理膠東地區時，大力提倡發展海洋漁業，因此齊地富產魚鹽。中國最早詩歌總集《詩經》中的《齊風·敝笱》有一篇寫道：

敝笱在梁，其魚魴鰥。齊子歸止，其從如雲。敝笱在梁，其魴魚與。齊子歸止，其從如雨。敝笱在梁，其魚唯唯。其魚歸止，其從如水。

這首詩從側面反映了齊人捕魚的情況，其所捕魚的種類則有魴、鰥及鰱魚等，這些魚都是淡水魚。充分說明了齊人在春秋時期所食用魚類，還是以淡水魚為主的。

春秋時期，不僅齊國菜餚名揚天下，魯國人對飲食也很有講究。在周武王滅商建周後，封其弟周公旦在曲阜，被稱為魯公。魯公之「公」並非爵位，而是諸侯在封國內的通稱。魯公就是魯侯。周公旦沒有赴任，留下來輔佐武王，周武王去世後輔佐周成王。

周公旦的兒子伯禽，即位後也稱為魯公，後建立了魯國，國都在曲阜，疆域主要在泰山以南，就是山東的南部，以及河南、江蘇、安徽三省之一隅。

魯國人對飲食講究，主要是孔丘。孔丘生於魯國，他最早開辦了學堂進行授課，講述他的政治主張等，創立了儒家學派，很是有名，被人們稱為孔子。

孔子對美食也很有研究，他提出了「食不厭精，膾不厭細」的飲食觀。「精」就是精細；「膾」就是細切魚和肉。孔子反覆用「不厭」兩字，極言對「精細」的講究之致。

孔子後來做了魯國上卿及魯國大司寇，俸祿都是「六萬斗穀子」，在當時已經是很富裕了。但是，孔子並不因為生活富裕了而過著奢侈的生活，相反他的飲食卻比較素雅。

　　孔子有飲食訓導，從烹調的火候、調味、飲食衛生、飲食禮儀等多方面提出了主張，為魯菜烹飪大系的形成和發展奠定了理論基礎，造成了很大的作用。他提倡「八不吃」，並闡述道：

　　食鈕而飼，魚餒而肉敗，不食。色惡，不食。臭惡，不食。失飪，不食。不時，不食。割不正，不食。不得其醬，不食。沽酒市脯，不食。

　　相傳孔子和弟子子貢離開宋國，經鄭國、陳國要去楚國，途中經過一片桑林，遇見兩位長相清秀的養蠶女子在林中採桑，其中一個採桑女子對孔子說：「夫子在陳必絕糧。」孔子師徒當時以為採桑女在開玩笑，並未放在心上。當孔子師徒十多人走到陳國和蔡國邊界時，邊界守軍不讓他們前往楚國。

　　孔子師徒被圍困的第七天，來了一位騎馬的將軍，有意為難孔子師徒們，派人拿出十多個九曲珠說：「如果能用絲線穿起來，就讓你們進楚國。」

　　孔子和弟子們想盡了各種辦法，但是怎麼也穿不上九曲珠。孔子想起採桑女的話，嘆道：「真是一語成讖啊！」

　　孔子便讓子貢返回去向採桑女子求教。子貢回到桑林旁的那戶人家門前，這時，那個與孔子對詩的女子從房內走出

來，她教子貢穿九曲珠的辦法，她說：「用蜜塗珠，以絲繫蟻，如不肯過，用煙燻之。」

　　子貢給女子施禮後，並掏出銀子，讓女子給些吃的。女子給了子貢一大塊羊肉和兩條魚。子貢再次謝過女子。子貢回到孔子身邊後，依採桑女教的方法穿好了九曲珠。

　　將軍也沒有食言，便解除了對孔子師徒的圍困。孔子師徒被圍已達數日，師徒們已吃了幾天野菜，許多弟子都餓得無精打采了。

　　包圍的軍隊一散，子貢急忙拿出向採桑女討來的魚和羊肉，點火做起了野炊。子貢見老師和師兄弟們都餓得抬不起頭了，師兄弟們恨不得抓住生魚就吃，拿過羊肉就啃，子貢趕忙把魚肉、羊肉放在一個鍋裡煮起來。

　　孔子向來主張「食不厭精」，他見子貢把魚和羊肉放在一塊煮，把眉頭皺了皺，但他已無力指責子貢了，只好聽之任之。

　　過了一會兒，肉煮熟了，子貢先給老師端了一碗。孔子嘗了嘗，覺得味美好吃，剛剛喝了一口湯就連連稱讚道：「真鮮，真鮮！」

　　孔子望著弟子們的一副吃相，突然間皺起了眉頭，並且還自言自語地說道：「倉頡造字，將『合』、『贊』二字的合寫稱為『鮮』，這個『鮮』字是毫無道理的，魚、羊肉合燉那才叫『鮮』哪！乾脆，從今天以後，我們就把『魚』、『羊』二字的合寫當成『鮮』吧！」

弟子們聽了，一邊大吃二喝，一邊連聲稱讚：「改得好，『魚』、『羊』合燉為『鮮』，真是名副其實啊！名副其實啊！」

　　從此，漢語中便有了這個看了令人口中生津，富有韻味並使人遐想的「鮮」字了。可見孔子對飲食的要求，只有新鮮的飲食才是美好的。

　　魯人講究飲食，其食料豐富，烹飪技藝發達，這促進了宴席的發展，當時魯國的宴飲水準已經相當高級了。在《詩經》裡面《魯頌》有篇《有駜》，記載了魯侯宴飲群臣的詩歌。其詩云：

　　有駜有駜，駜彼乘黃。夙夜在公，在公明明。振振鷺，鷺於下。鼓咽咽，醉言舞。於胥樂兮！

　　有駜有駜，駜彼乘牡。夙夜在公，在公飲酒。振振鷺，鷺於飛。鼓咽咽，醉言歸。於胥樂兮？

　　駜彼乘駽。夙夜在公，在公載燕。自今以始，歲其有。君子有穀，詒孫子。於胥樂兮？

　　這首詩歌的大意是說，魯公每天都是乘著由四匹肥壯大黃馬拉的車，到宮廷內去處理公事，日夜操勞。處理完了公事以後，他還要和群臣們合歡，和友好國的使節及群臣們宴飲。

　　魯國烹飪技藝的精湛，還表現在烹飪刀工技術的運用上。孔子在《論語》中有「割不正不食」的刀工要求，為廚師提高刀工技術提供了理論依據，指導了飲食文化的發展。

閱讀連結

傳說易牙發現削山芋時手會被山芋的皮刺激得奇癢難忍，經過多次，他終於找到了一個解除發癢的辦法，就是在削山芋之前先咬一口，嚼一嚼，就不會再癢了。

易牙創製的菜有一道叫「魚腹藏羊肉」。北方水產以鯉魚為最鮮，肉以羊肉為最鮮，此菜兩鮮並用，互相搭配，成菜色澤光潤，外酥裡嫩，鮮美異常。據說漢字中的「鮮」字，就是根據名菜「魚腹藏羊肉」而得，由「魚」和「羊」字合成的。

▌秦漢時期促進魯菜發展

■秦始皇畫像

秦漢時期，山東的經濟空前繁榮，地主、富豪出則車馬交錯，居則亭臺樓閣，過著「鐘鳴鼎食，征歌選舞」的生活。

傳說秦始皇統一六國後的第三年，他開始東巡各地郡縣，於是他召集齊、魯的儒生七十多人來到泰山下，商議封禪的典禮，以表明自己當上皇帝是受命於天的。

儒生們的議論各不相同，有的難於施行。於是，秦始皇喝退所有儒生，借用原來秦國祭祀的禮來封泰山、禪梁父，進行刻石頌秦德。

據傳說，秦始皇和他的文武大臣們剛登上泰山後，忽然狂風大作，傾盆暴雨頓時從天而降。這時幸虧有五棵松樹為他擋住了風雨。待大雨過後，秦始皇便封這五棵松樹為「五大夫松」，以稱讚它們護駕有功。

這時候，秦始皇忽然感到饑餓難耐。忽然有一位仙女手捧一疊金黃色薄如蟬翼的餅子送到他的面前。秦始皇驚喜地問道：「這是什麼東西？」

仙女回答說：「這是泰山碧霞元君送給皇帝的美味仙餅。」

秦始皇大喜，就命令手下人接過來，還親自拿了一張餅吃了一口，他感到美味無比，接連稱讚好吃。於是，秦始皇就封碧霞元君永駐泰山岳頂。他又留下數張餅下山後，送給了泰山腳下迎接他的老百姓。

老百姓就把這種金黃色的餅與小米和在一起再做，並取名叫泰山煎餅，從此以後這就成了泰安人的家常便飯了。後來人們經過不斷改良，這裡以煎餅為主料的小吃還有油煎餅、糖酥煎餅等。特別是煎餅卷大蔥，更是婦孺皆知的大眾普通食品了。

堂正中和 魯菜

　　秦始皇到了泰山下，泰安縣令立即命令手下人到深山密
林中采來各種草藥，讓泰安的有名廚師們做了一桌藥膳宴席，
有靈芝蒸雞、靈芝蒸鴨、何首烏燉羊肉、四葉參蒸雞、枸杞
蒸雞、銀杏豬肘、杏仁豆腐等，奉給秦始皇享用。秦始皇非
常高興，後來，他又多次到齊魯巡視，並念念不忘這裡的美
食。

　　在當時的山東一帶，曾經駐守了十萬秦軍。當時這裡人
煙稀少，缺糧短菜，將士們每日的伙食都很簡單。但是，負
責糧草及後勤保障的官員和隨軍伙夫等人雖然經過了多方努
力，還是始終無法做出讓將士們可口、滿意的飯菜。

　　有一次，一位將軍巡查周邊的村莊，他從當地幾家農戶
做飯的方法中得到啟發，便回到駐地進行改良，就形成了「一
鍋燴」的方法，成功地解決了十萬將士的吃飯問題。

　　兩漢時期，魯菜有了很大發展，特別是有大量的海味融
入到齊魯人們的飲饌中。漢武帝進兵山東半島沿海時，當他
吃到漁民醃製的魚腸時，覺得特別的香，於是就賜名「鯸」。

　　此時山東的烹飪技藝已有相當水準，後來從沂南出土的
庖廚畫像石、諸城前涼臺的庖廚畫像石中，可以看出從原料
選擇、宰殺、洗滌、切割、烤炙、蒸煮、分工和操作的情景，
表現了當時烹飪以及飲宴的全過程和場面。

　　後來，從山東諸城出土的漢代墓葬畫像磚「庖廚圖」和
山東博物館珍藏的漢代「廚夫俑」兩件文物來看，當時膠東
半島一帶的烹飪原料非常豐富，廚夫刀工精湛。

山東臨沂白莊漢墓的庖廚圖中顯示有兩間廚房：一間是炊事間，有兩名廚師在烹飪；一間為儲藏室，裡面放置有雞、魚、豬等肉類食品。

漢代畫像石庖廚圖中的庖廚人員所從事的活動，包括屠宰、汲水、炊煮、劈柴、杵臼、洗滌、切菜等，這些廚者大多頭戴巾幘，並按分工各司其事。

宴飲是飲食文化的重要組成部分，從漢代畫像石可以看出，人們在宴飲時，常有一些娛樂活動助興，當時流行的娛樂有投壺、猜拳、彈琴和歌舞等。

傳說在漢代，山東福山有一女廚娘善於煎黃花魚，一次因主人催得緊，魚沒有煎熟，主人叫她重做一條。女廚娘想另做一條時間過長，主人又要發火，情急之下，她將鍋內添了些湯汁和調味品，將煎魚放入鍋內熟。在湯汁將要煮干時，廚娘盛出魚端給主人，主人一吃綿軟香嫩，於是大加讚賞，問是怎麼做的。廚娘如實說出，主人連誇她聰明能幹。

女廚娘把這道菜叫「鍋黃魚」，她不僅發明了這道名菜，同時還發明了「」這一烹調方法。

在漢代，中原地區與西域加強了飲食文化的交流，引進了西域的石榴、芝麻、葡萄、核桃、西瓜、甜瓜、黃瓜、菠菜、胡蘿蔔、茴香、芹菜、胡豆、扁豆、苜蓿，萵筍、大蔥、大蒜，從西域還傳入了一些烹調方法，如炸油餅、芝麻燒餅等，這些新鮮的飲食以及製作方法對魯菜的影響十分深遠。

南北朝時的農學家賈思勰所撰《齊民要術》中有關烹調菜餚和製作食品的方法佔有重要篇章，記載著當時黃河中下

游特別是山東地區的北方菜餚食品達百種以上，從中可以看出，這一時期，烹調技法、菜餚款式均趨完美。

當時使用的烹調方法已有蒸、煮、烤、釀、煎、炒、熬、烹、炸、臘、泥烤等，調味品有鹽、豉汁、醋、醬、酒、蜜、椒，且出現了烤乳豬、蜜煎燒魚、炙腸等名菜。

《齊民要術》一書，更是記錄了豐富的小吃品種，其分類就有：餅法、羹臛、饗飯、素食、餳脯、粽子等，其中有最早記載麵條製法的「水引餅」，是「用秫稻米屑，水蜜溲之……手搦面，可長八寸許，屈令兩頭相就，膏油煮之」的「膏環」，有「用乳溲者，入口即碎，脆如凌雪」的「截餅」等。

這些用乳汁、棗汁、蜜水、油脂和制麵糰，還有夾羊肉餡、鵝鴨肉餡的小吃品種，製作技術已很有講究。其他像杏仁粥、梅子醬、果脯、肉脯等，也已成為當時很普遍的小吃。

閱讀連結

據傳，秦始皇東巡，非常喜歡吃海魚，但他愛吃魚卻不會吐刺，就因他被魚刺卡著不知殺了多少廚師。有一次路經福山，叫福山廚師烹製海魚給他吃。福山廚師知道大禍臨頭，就將魚放到案板上，用刀使勁拍打，嘴裡嚷著：「就叫你送了我的命。」可拍打過後，發現魚肉和魚刺分離，於是將魚肉製成丸子，放到鍋裡煮熟，送給秦始皇吃。

秦始皇吃著又鮮又嫩又無刺的魚丸子，龍顏大悅，稱福山廚師有技術。從此，「氽魚丸子」這道菜便在膠東流傳開來。

唐宋時期魯菜初具規模

■ 《酉陽雜俎》

　　唐宋兩代，魯菜又有了新的發展。唐代臨淄人段成式所作的《酉陽雜俎》一書中記載了當年烹調水準之高：

　　無物不堪食，唯在火候，善均五味。

　　段成式在書中記載了大量有關齊魯烹飪技藝、食料使用的資料，還記載有一百多種食品原料、調料及酒類、菜餚的名稱等。他之所以在一本雜記中記錄如此多的烹飪資料，是因為他出身於美食之家。

　　據記載，段成式的父親段文昌，是唐穆宗時的宰相，對飲食很有研究，府內廚房規模龐大，由著名廚娘膳祖掌管。據說膳祖對原料修治、滋味調配、火候文武等，無不得心應

手，具有獨特的本領。在段府四十年間，這位女廚從一百名女婢中只選中了九名進行傳藝。

段文昌把自己的廚房命名為「煉珍堂」，即使他出門在外，也有大廚相隨，並將隨行廚房命名為「行珍宮」。段文昌甚至將家廚的烹調技藝用文字記錄下來，名曰《鄒平公食單》。

至唐宋年間，齊魯烹飪刀工技術的應用和發展可謂是登峰造極，這在當時所遺留下來的史料及詩文中多有所反映。段成式的《酉陽雜俎》有記載：

進士段碩嘗識南孝廉者，善斫膾，索薄絲縷，輕可吹起，操刀響捷，若合節奏，因會客衒技。

持刀斫膾人的動作如此熟練輕捷，所切的肉絲輕風可以吹得起，可見肉絲之細和刀技之精。

齊魯地區的民間飲食之風也大行其道。據《酉陽雜俎》記載：

歷城北一里，有蓮子湖……三伏之際，賓僚避暑於此，取大蓮葉盛酒，以簪刺葉，令與莖柄通，吸之，名為碧筒飲。以後成為濟南端午節的定俗。端午節食粽子、二月二食煎餅皆於此時始。此時的風味小吃已不可勝記，如餛飩、櫻桃餤、湯中牢丸、五色餅食等。

宋人所撰的《同話錄》中，記載了山東廚師在泰山廟會上的刀工表演，書中寫道：

有一庖人，令一人袒被俯僂於地，以其被為刀幾，取肉一斤，運刀細縷之，撤肉而拭，皮被無絲毫之傷。

宋代山東飲食頗具特色，與前代相比，山東老百姓的飲食結構有了較大的變化，素食成分增多，素食的藝術成分更加明顯，式樣也更多。在宋代的大中城市，食品行業的競爭已經很激烈，市民食譜也日益多樣化。

宋代汴梁、臨安有所謂「北食」，即指以魯菜為代表的北方菜。在這個時期，以北方麵食加工為飲食特色的飲食市場的興旺發達，促進了以齊魯為代表的麵食文化的繁榮昌盛。

宋代著名畫家張擇端所畫的《清明上河圖》可以看出當時商業的繁榮景象，當年宋都十里長街兩側的飲食店鋪鱗次櫛比，一派繁榮的景象。

在宋代，餅作為一種主食，是老百姓餐桌上不可缺少的一部分。據宋代孟元老的筆記體散記文《東京夢華錄》所記載，當年東京的麵食點林立、不勝枚舉。如玉樓山洞梅花包子店、曹婆婆肉餅店、鹿家包子店、張家油餅店、鄭家胡餅店、萬家饅頭店、孫好手饅頭店等。至於南宋的京都臨安，更是繁華得很，各類麵食店的專賣店令客人絡繹不絕。

據描寫南宋都城臨安城市景觀和市情風物的書《夢粱錄》、《武林舊事》等記載，諸如制售餛飩、麵條、疙瘩、饅頭、包子、畢羅菜面等小食店不下數百家，經營的品類達兩百餘種之多。

南宋時期，魯菜逐漸向外擴張。相傳南宋時有一位山東人宋五嫂，隨宋朝皇帝南渡，後來便在杭州城外開了一家小

餐館。她最擅長做魯菜魚羹，聞名京城。宋五嫂做的魚羹一直傳到後來，名為「宋嫂魚羹」。

宋嫂魚羹由鱖魚做成，味道鮮美，非常像螃蟹，又名「賽魚羹」，在當時就非常有名。

至此，魯菜大系具代表性的四大麵食的加工技藝業已形成，為完善魯菜大系的烹調技術體系創造了條件，使得山東菜已初具規模。

閱讀連結

在宋代，位於山東半島東北部的福山有個財主，他非常喜歡吃魚丸子，每天都叫廚師做魚丸子給他吃，而且是每頓必吃，幾乎到了非魚丸不吃飯的地步。

這一天，廚師在做魚丸子時不小心手被割破，不能再用手擠丸子。於是，他就用湯匙一個個挖著放入鍋裡，結果亼出的丸子兩頭尖、中間粗，似銀元寶，帶著吉祥之意。財主問廚師這叫什麼菜，廚師看著似元寶的魚丸子，靈機一動，脫口而出說：「這是亼魚福。」財主非常高興，大獎了廚師。

明代魯菜小吃的大發展

■拉麵

　　明嘉靖年間，山東福山出了一位進士叫郭宗皋，他智勇雙全，在戍邊的過程中屢建軍功，深得皇帝信任，晉升很快，後來官至南京兵部尚書。

　　由於郭宗皋是北方人，對南方飯菜自然不習慣，所以就在村裡找了當年做菜很有名氣的兩個廚師，一造成南京的尚書府為他做家廚。

　　話說在隆慶年間，有一年皇帝準備為他的愛妃做壽，為了把壽宴搞得不同於往年，以贏得愛妃的喜歡。於是皇帝下詔書，應徵廚師高手來置辦壽宴。結果，許多宮廷御廚在試廚時都被淘汰了。

　　眼看壽誕之期將至，製備壽宴的廚師還沒有著落，皇上心急如焚。為解皇帝的燃眉之急，郭宗皋於是就把他的兩個家廚推薦給皇帝。試做了兩道菜，皇帝品嚐後很是高興，壽宴就決定由郭宗皋的家廚來置辦。

美食中華：八大菜系與文化內涵

堂正中和 魯菜

到慶壽這一天，朝廷的文武百官也紛紛前來給皇妃祝壽。壽宴開場後，立即贏得了滿朝文武百官的稱讚，皇帝、皇妃也高興得不得了。

皇帝對郭宗皋請來的兩位家廚製作的「蔥燒海參」和「糟熘魚片」讚賞有加，當場命廚師又重新烹製了一盤，吃完後口留餘香，讓人難忘。這時的郭尚書甭提有多高興了。

事後皇帝不僅嘉獎了郭宗皋，還重獎了廚師，並且還提出了讓這兩位廚師給皇帝做菜的要求。郭宗皋欣然同意，山東廚師從此成為了宮廷御廚。

在明代末期，因天災戰亂，大批難民紛紛擁入山東濟南城，同時加上山東廚師進入皇宮御膳房、山東餐館進入北京等眾多因素，山東菜的影響面涉及整個黃河中下游及其以北的廣大地區。

據說山東濟南城有一家田姓小粥鋪，經常舍粥賑災，災民互相傳告，來粥鋪喝粥的人逐漸增多。粥鋪一時難以滿足眾人所求，於是便在粥內加入了大量的菜葉和鹹辣調味料。災民們每當端碗盛粥之前，見煮粥的大鍋內泛著白沫，便親切地稱之為「田沫」，因為這就是田老闆賑舍的粥。

當時有一個外地來濟南趕考的落難書生，也來到粥鋪求一碗粥喝，他吃後感到甜美無比，心想「甜沫」果不虛傳。後來這位書生考取功名做了官之後，又專程來濟南再喝甜沫時，已經沒有昔日的感覺，他便問其原因，店主回答說，這個粥就是叫「田沫」，是我們姓田的人家做的粥的意思。

官員聽後恍然大悟，原來，當初只聽音而未辨字跡之誤所致，於是題寫「甜沫」匾額，並吟詩一首：

錯把田沫作沫甜，只因當初歷顛連。

閱盡人世滄桑味，苦辣之後總是甜。

這首詩的意思是在經歷苦難滄桑之後，鹹粥品嚐起來都是甜的。從此這種帶鹹味的粥便叫「甜沫」，在濟南各種製作甜沫的作坊也興盛起來。這一時期，山東菜產生了以濟南、福山為主的兩類地方風味，曲阜孔府內宅也早已形成了自成體系的精細而奢侈的官府菜。各地方風味烹飪技藝的高超，令人嘆為觀止。

創於明代的福山拉麵，用手拉出細如銀絲的圓形、扁形、三棱形的麵條，是堪稱巧奪天工的操作技術。著名的小吃蓬萊小面、清油盤絲餅、蛋酥炒麵都是拉麵衍生出的品種。

這些經濟實惠的小吃品廣為流傳，成為與人們生活密切相關的食品，也成為魯菜大系中不可缺少的組成部分。

閱讀連結

李攀龍是明代歷城人，就是現在的山東濟南。他是明代著名文學家，與王世貞等倡導文學復古運動，為「後七子」的領袖人物，被尊為「宗工巨匠」。李攀龍不僅文學成就很高，也特別注重飲食，開設了一家白雪樓，招待天下文友。

李攀龍的愛妾蔡姬善於製作蔥味包子，有蔥味而不見蔥，深受來客讚譽。她做的蔥味包子，蔥香濃郁而餡中無蔥。有

文友至白雪樓，蔡姬常以蔥味包子饗客。這種包子的做法一直流傳後來，成為了濟南著名的風味小吃。

▋清代魯菜發展的大繁榮

■曲阜孔府大門

　　清代，市井飲食廣泛發展，各地方風味菜日趨成熟。此時山東風味菜在市井飲食中尤為突出，廣及山東半島，影響京津一帶，而且深入到豫、晉、冀、秦，及至白山黑水的關外，幾乎在半個北方都可見其蹤跡。而齊魯大地表現得尤為突出的是「官府」味特濃的曲阜縣城內的孔府肴饌。

　　作為中國儒家學派創始人孔子的故地，經歷代封建王朝的封爵加官，逐漸成了豪門顯貴。孔府內宅的家庭飲食，是當時市肆飲食的昇華和提高，它既要滿足孔門後裔及家眷日益培養起來的口腹之欲，又要迎接帝王官吏及近支族人應付節日客飲及紅白喜事，在日積月累的總結和積澱中，逐漸形成了一套完整的孔府飲食體系。

　　根據《孔府檔案》資料可知，明清兩代孔府烹飪已經成熟。其肴饌即講究精細、營養、禮儀和排場，名雅質樸，又

不失其濃厚的鄉土風味，在明清時便獨樹一幟，為世人所稱道。

清代山東的民間飲食烹飪水準也相當發達，麵點小吃已形成獨特風味，製作精細，用料廣泛，品種豐富。魯菜更是成為清代宮廷菜吸收的主要對象。

魯菜的烹調技藝和魯地的食風也常出現在詩人筆下。如清初名士王士禎《歷下銀絲鮓》詩：

金盤錯落雪花飛，細縷銀絲妙入微，

欲析朝醒香滿席，虞家鯖鮓尚方稀。

文人墨客對魯菜的讚揚，增添了魯菜的文化內涵，使得魯菜更加聞名，逐漸成為了中國菜系中較大的菜譜，具有巨大的影響力。

山東菜系對其他菜系的產生具有重要的影響，因此大多數人認為魯菜為中國各大菜系之首。魯菜，味中庸，合眾人口感。在魯菜中，有許多與名人有關的菜餚，如德州扒雞、九轉大腸、罈子肉、油爆雙脆、蔥燒海參等，可以看出魯菜歷史悠久。在漫漫的歷史長河中，每一道經典魯菜背後都有一段美麗的傳說。

魯菜在明清兩代的發展逐漸達到高峰，主要是魯菜受到了人們的喜愛，而且清代的皇上又特別鍾愛魯菜。

據說乾隆皇帝來到山東曲阜，第一次到孔府，孔府曾以一百九十六樣菜的滿漢宴來招待。開宴前，華燈高懸，紅燭高照，乾隆皇帝在鼓樂手細吹細打的樂曲聲中入席。

　　菜是燕窩、魚翅、海參、干貝等珍貴物，菜名更是好聽，如一孵雙鳳、御帶蝦仁、竹影海參、當朝一品、神仙鴨子、青龍臥雪、雪掃梅花、八仙過海、鬧羅漢等。

　　由於乾隆在京城裡吃厭了山珍海味，一道道菜端上來又都原封不動地端了下去。這可急壞了在一旁侍膳的衍聖公，他便傳話給廚師叫其想辦法。

　　廚師作難了，心想：珍貴名菜他都不願吃，要吃什麼呢？尋思了好一陣子，這個季節正好是春天，便打發人去捋了一捧杏葉回來。

　　廚師把糖熬好了，又把杏葉放到糖水裡，盛出來一涼，外面發亮，裡面鮮綠，很好看，起名叫琉璃杏葉。乾隆吃了這道菜，覺得很好吃，心想到底是孔府菜好。

　　這時，衍聖公總算鬆了口氣，孔府的廚師心裡也有了底，知道皇帝愛吃那一口。於是他們把豆芽加上幾粒花椒一炒，乾隆吃了說味道不錯。

　　經了皇帝口，豆芽在孔府的食譜中，立刻身價百倍，不光是能上大宴席，還成了孔府的傳統菜。於是孔府的廚師又把豆芽的豆瓣去掉，和小丁豆腐配在一起炒，起名叫丁香豆腐。

　　當時的一位廚師還想出一道綠豆芽菜，叫「金鉤掛銀條」，就是把綠豆芽掐去瓣和根，先炒一下蝦米，再把擇好的綠豆芽放上，那蝦米發紅，綠豆芽是銀色的。這樣的菜，皇宮裡沒有。乾隆吃得津津有味，所以也成了孔府的傳統好菜。

乾隆皇帝第二次到曲阜來，衍聖公和孔府的廚師真是挖空心思想出了不少的名堂。孔廟的詩禮堂前有兩棵宋代的銀杏樹，雖然經過了近八百年，那棵雌銀杏樹仍然春華秋實結果不少。於是，就取詩禮堂的銀杏，加蜜加糖做成菜，借《論語》上記載的，孔子教子學詩學禮的故事，取名「詩禮銀杏」。孔府的廚師就是用這些平常物，做出了連皇上也喜歡的名貴菜。

　　乾隆皇帝第三次來到孔府，衍聖公親自安排給乾隆皇帝擺了豆腐宴。就是說，宴席全是用豆腐做的。有一品豆腐、丁香豆腐、清蒸豆腐、雞湯豆腐、芙蓉豆腐、荷花豆腐、熏豆腐等。

　　乾隆對熏豆腐尤感興趣，吃著很美口，臨走時還把曲阜一家做熏豆腐的豆腐戶帶進了京城。乾隆在孔府還吃了個炒水蘿蔔的菜，覺得挺好吃，回到京裡後，還想吃這道菜，叫御廚做。可是做好了一嘗，乾隆皺起眉頭說：「在孔府吃的炒水蘿蔔是梨味，怎麼你炒的不是那個味！」

　　乾隆一怒，把那御廚趕出了皇宮。又叫一個御廚炒，乾隆一吃，還不是那個味，把這個御廚也趕出了皇宮。接連又是好幾個被趕走，御廚都嚇慌啦，有個心機活變的說道：「我看咱得到孔府去學學手藝！」

　　御廚們都說好主意。於是兩個御廚便來到孔府，寫了個門生帖，上孔府去認師。真是不見不識，不做不會。那炒水蘿蔔菜的做法是，先將水蘿蔔切成絲，在開水裡一余，再放

涼水裡浸去那蘿蔔味，炒的時候加上梨汁，炒出來就是梨味了。

不經一師，不長一藝。兩個御廚回到京城，按照從孔府學來的法子炒了水蘿蔔菜，乾隆於是吃得津津有味、眉開眼笑。

「德州扒雞」是由燒雞演變而來，其創始人為韓世功老先生。據《德州市志》、《德州文史》記載，韓記為德州五香脫骨扒雞首創之家，產於西元一六一六年，世代相傳。

乾隆皇帝下江南時，曾在德州逗留，點名要韓家做雞品嚐，食後龍顏大悅，贊曰「食中一奇」，此後便為朝廷貢品。

「宮保雞丁」是濟南名菜。保，不是煲，也不是爆。這裡面有個典故。傳說在清代，貴州平遠州的進士丁寶楨，被朝廷任命為山東巡撫，他入住濟南府，丁寶楨是個剛直不阿、深受百姓愛戴的人。他平時兩袖清風，深居簡出，就連府邸也不甚講究，唯獨鍾愛「美食」。

丁寶楨上任不久，就把濟南當地的九轉大腸、糖醋鯉魚、紅燒肘子等吃了個遍。

有一次，丁寶楨又換上青衣小帽帶一家僕從府衙後門溜了出去。到了濟南大明湖轉過一圈，已經到了中午，但見碧波蕩漾，楊柳隨風，遠處的千佛山倒映水中，心中一片澄明，這時，他忍不住食慾大增。站在湖邊高處左右看了一下，見附近一農家籬笆圍牆，柴扉輕啟，院中有一老婦正在餵雞，他心念一動，想到這正好可以瞭解一下當地民情，便帶著僕人走了過去。

濟南人素有好客之風，那位老婦人察言觀色，見來人口音不似本地人，兼之身材魁梧，氣宇軒昂，見隨從又是畢恭畢敬，感覺定非等閒之輩，一面把丁寶楨讓進屋裡坐下沏茶倒水，一面使人把湖邊酒樓做大廚的兒子叫了回來。

　　丁寶楨和老婦人聊了半天家常，早已經是饑腸轆轆，突然聞到一股子香味裊裊地飄了進來，不一會兒就見老婦人的兒子用四方托盤端著一道菜走了進來，這道菜丁寶楨聞所未聞，但是它奇香無比，讓人忍不住饞涎欲滴。

　　老婦人的兒子垂手侍立一旁，老婦微笑點頭示意可以動筷了，丁寶楨忙不迭夾起菜放進嘴裡，只覺舌尖微麻，輕輕一嚼，脆嫩可口，感覺似肉非肉，似雞非雞，妙不可言。

　　丁寶楨心中歡喜，忍不住問老婦人的兒子，這道菜叫什麼名字。老婦人的兒子微微一笑回答：「爆炒雞丁」。

　　「哦，」丁寶楨很驚奇，又問道，「既為雞丁，為何卻這般鮮嫩？」老婦人的兒子回答：「這道菜是取當地笨雞雞脯肉切丁，丁外薄裹澱粉糊，利於快熟且防味洩，後配以花生、胡椒，旺火油炒而成。」

　　丁寶楨撫鬚點頭，找出盤中一花生放入口裡，細細咂摸，果真是別有滋味。這頓飯讓丁寶楨回味悠長，走時百般不捨，他記住了這個地方，回府後不久就遣人重金把老婦人的兒子聘為家廚。每當有遠方客人到來，丁寶楨必須讓老婦人的兒子以爆炒雞丁獻給大家，因為這道菜百吃不厭。

丁寶楨後來奉調任四川總督時，他便把家廚也帶到了四川。丁寶楨家廚的後人透過把胡椒換成辣椒，做出了川味的宮保雞丁。

因清代官階有「九品十八級」，對每一級的官員都有一定的尊稱。「宮保」即是對正二品的地方最高長官總督的尊稱。由於丁寶楨曾任山東巡撫，後封「太子少保」，以後又任四川總督，故當時人稱「丁宮保」。後人為了紀念他，所以把他喜歡吃的這道菜稱為「宮保雞丁」。

宮保雞丁的製作需要旺火爆炒，所以有時也被稱作「宮爆雞丁」。丁寶楨去世後不久，宮爆雞丁這道菜被四川當地官員作為貢菜獻給皇帝，發展成為了御用的名菜之一。

說到魯菜，很多人都會想到「九轉大腸」。此菜是濟南傳統名菜，以豬大腸為原料，配以藥材，經紅燒而成，其味鹹甜酸辣香，成菜色澤紅亮，大腸軟嫩，肥而不膩，久食不厭。

相傳在清光緒年間，濟南東巷北有一座「九華樓」飯莊，店主名叫杜九齡，是一個富甲一方的商人，他一生信佛，非常崇拜佛家的「九九歸一」說法。

有一次，杜九齡到一個做肉食的朋友家去喝孩子的滿月酒，酒後朋友回禮並送給他一掛豬下水。回到九華樓，杜九齡找來大廚於長寶，讓他做個肥腸嘗嘗。

於長寶回到廚房，反覆用了好幾種方法試做，結果都不好吃。後來他又去肉舖買了一些大腸回來繼續做，反覆試製多次，終於做出了一道色、香、味、形俱佳的大腸菜。

杜九齡聽說後立刻趕過來，只見盤中油亮金燦的豬大腸，夾起一塊送入嘴中，連聲稱香極了，於是決定第二天宴請生意場上的朋友品嚐此菜並為之定名。

第二天，賓客們來到九華樓，店小二張羅著先上一些別的菜，就在客人們翹首以待時，大腸上了桌。

人們品嚐後，紛紛稱讚好吃，但未知其名，席中一位老朋友提議說：「杜九齡信佛，又酷愛九字，就叫『九轉大腸』如何？」

此提議一出便得到認可。此後，此菜聲名鵲起，並遍及山東各地，成為名菜。

「油爆雙脆」是山東歷史悠久的傳統名菜。相傳此菜始於清代中期，為了滿足當地達官貴人的需要，廚師以豬肚尖和雞胗片為原料，經刀工精心操作，沸油爆炒，使原來必須久煮的肚頭和胗片快速成熟，口感脆嫩滑潤，清鮮爽口。

該菜問世不久，就聞名於市，原名「爆雙片」，後來顧客稱讚此菜又脆又嫩，所以改名為「油爆雙脆」。

清代著名文人袁枚對「油爆雙脆」給予了極高評價，他在《隨園食單》中是這樣說的：

將豬肚洗淨，取極厚處，去上下皮，單用中心，切骰子塊，滾油爆炒，加佐料起鍋，以極脆為佳。此北人法也。

到了清代中末期，油爆雙脆傳至北京、東北和江蘇等地，成為中外聞名的山東名菜。

美食中華：八大菜系與文化內涵

堂正中和 魯菜

　　北方名菜「蔥燒海參」，從山東源入，以水發海參和大蔥為主料，海參清鮮，柔軟香滑，蔥段香濃，食後無餘汁，是「古今八珍」之一，蔥香味醇，營養豐富，滋肺補腎，益精壯陽。適用於肺陰虛的乾咳、咳血和腎陰虛的陽痿、遺精等。海參屬名貴海味，被列為中國八珍之一。可分為刺參、烏參、光參和梅花參多種，山東沿海所產的刺參為海參上品。

　　濟南名菜「罈子肉」，始於清代。據傳首先創製該菜的是濟南鳳集樓飯店，該店廚師用豬肋條肉加調味和香料，放入瓷壇中慢火煨煮而成。其色澤紅潤，湯濃肉爛，肥而不膩，口味清香，人們食後，感到非常適口，該菜由此著名。因肉用瓷壇燉成，故名「罈子肉」。

　　「四喜丸子」其實最為普通，不過是豬肥、瘦肉、冬菇等材料拌在一起做成的肉丸子，吃起來感覺也並不像菜名那樣讓人喜悅，不過這道菜倒是討了名稱的好，因象徵著中國人最為重視的「久旱逢甘霖，他鄉遇故知，洞房花燭夜，金榜題名時」四件喜事而成了魯菜中的一大名菜。

閱讀連結

　　傳說乾隆皇帝下江南，歷經濟南時，也愛喝「甜沫」。有一次，大學士紀曉嵐陪著乾隆皇帝來到濟南，欣賞完大明湖、千佛山的湖光山色後，進入一家早點鋪。

　　乾隆皇帝看著早點，忽然想難一難狂傲不羈的「紀大煙袋」，便出了一個上聯：「咬口黑豆窩窩，就盤八寶醬菜，可謂崗賽。」「崗賽」是濟南的方言，就是「特別好」的意思。

紀曉嵐馬上吟道：「吃塊白麵饅饅，喝碗五香甜沫，不算疵毛」，「疵毛」是濟南方言「差」的意思。君臣撫掌大笑。

▌清代魯菜大系的風味

■魯菜蜜汁山藥

　　魯菜大系一般被認為是由濟南風味菜、濟寧風味菜和山東沿海的膠東風味菜所構成，分別有各自不同的烹飪特色。

　　「濟南風味」是魯菜的主體，在山東境內影響極大。濟南風味菜以濟南為中心，製作精細，歷來講究用湯。北魏農學家賈思勰所著的《齊民要術》中就記載有煮骨湯以調味的情況，到後來發展成為用雞、鴨、豬肘子煮湯，以雞腿肉茸、雞脯肉茸吊湯，製作出營養豐富、味鮮而醇的清湯，既可做湯菜，又能做提鮮的調味料，成為濟南菜的一大特色。

　　菜品以清、鮮、脆、嫩著稱，口味多以鮮鹹為主，但其變化多端，也有醬香、鹹酸、五香、酸辣等味型。濟南菜注重爆、炒、燒、炸、烤、氽等烹調方法，講究實惠，風格濃重、渾厚，口味偏重於清香、鮮嫩。

美食中華：八大菜系與文化內涵

堂正中和 魯菜

　　清代流行於北京、天津的山東菜分為「福山幫」和「濟南幫」。濟南風味菜又分為「濟南本幫派」、「淄濰派」、「泰素派」等。

　　「濟南本幫派」的湯菜特別講究清鮮爽口，雞鴨菜餚注重用甜麵醬調味，並以甜、鹹、醬香濃郁見長。其變化型有醬香、醬汁、蔥醬、糖醬、醬燜等。代表菜餚較多，如「糖醬鴨塊」、「醬燜鱖魚」等。

　　爆菜是山東代表菜式，膠東、濟南均長於此法，但又有區別。濟南爆菜歷史悠久。清代文士袁枚說：「滾油爆炒，加作料起鍋，以極脆為佳，此北人法也。」「油爆雙脆」、「爆肚頭」、「爆雞丁」均是著名爆菜。

　　濟南的「糖醋黃河鯉魚」被譽為齊魯名饌，尤崇尚用活鯉魚烹製。「九轉大腸」是濟南的代表菜餚。

　　「淄濰派」雖源於濟南，但由於物產、地理位置不同形成了自己的特色，長於燒、炸、拔絲等技法，原料則多選禽、蛋。口味偏於鹹鮮，略甜，多使用醬油、豆豉。代表菜餚有「懷胎鯉魚」、「拔絲地瓜」、「麻花肘子」等。

　　懷胎鯉魚制法是，將鯉魚腹臟掏空，用海參、雞肉、干貝等多種名貴原料切丁調味後填於魚腹內，蒸熟而成。據說此菜由桓臺廚師創製。清代名士王士禎回鄉省親時吃到此菜，得知此菜尚無美名，遂取名「懷胎鯉魚」，一直流傳。

　　拔絲菜在魯中甚為流行，在淄博等地幾乎家家能做。清代著名小說家蒲松齡《日用俗字·飲食章》中有「而今北地興纏果，無物不可用糖黏」的記述。

「博山豆腐箱」歷史久遠，技法獨特，是博山名菜。相傳，清乾隆皇帝南巡即特意到博山瞻仰康熙時大學士孫廷銓的故居，孫奉以博山豆腐款待。乾隆食後讚不絕口，從此博山豆腐名揚天下，以至在魯中民間節日的餐桌上仍是不可缺少的必備菜餚。

「泰素派」指以泰安為主要代表的素菜和寺廟菜的製作流派。因泰山多建有寺廟，僧道絡繹不絕，香火興隆。泰山素以豆腐、白菜、泉水聞名，被譽為泰山三美。加之泰山盛產各種菌類、名蔬，故泰安地區的素菜製作尤為巧妙。

其技法多受濟南影響，以燒、炸、余、熘、炒等見長，調味淡雅，口味清鮮滑嫩。代表菜有「鍋豆腐」、「軟燒豆腐」、「三美豆腐」等。

「膠東菜」又稱福山菜，是膠東沿海青島、煙臺等地方風味的代表。以烹製各種海鮮而著稱，講究清鮮，多用能保持原汁原味的烹調方法，如清蒸、清煮、扒、燒、炒等，甜菜多用掛霜的烹調方法。

膠東人自古擅長烹飪。膠東菜早在春秋時已有相當成就。後經漢、晉、隋、唐歷代發展，成為魯菜的重要組成部分。據《福山縣誌》記載，膠東菜大約形成於元、明間。在明末清初，膠東人外出謀生並大量進入北京，將膠東菜帶入北京，成為京都菜的主流。

膠東菜講究用料，刀工精細，口味清爽脆嫩，保持菜餚原料的原有汁味，長於海鮮製作，尤以烹製小海貨見長。清末以來膠東菜又形成以京、津為代表的「京幫膠東菜」，以

煙臺福山為代表的「本幫膠東菜」，以青島為代表的「改良膠東菜」。

京幫膠東菜受清宮御膳影響較大，製作考究，排場華麗，長於肉類、禽蛋及乾貨製作，對水陸八珍烹製尤有獨到之處。

本幫膠東菜以傳統特色著稱，長於海鮮製作，口味偏於清淡、平和，以鮮為主，脆嫩滑爽。鄉間廚師還長於豬下貨的烹製。本幫菜的主要名菜有：糟熘魚片、熘蝦仁、蔥燒海參、煎烹大蝦、浮油雞片、清炒腰花、油爆海螺、芙蓉干貝等。

改良派膠東菜廣泛吸收西餐技藝，採用果醬、麵包等原料。代表菜有：烤嘉吉魚、茄汁菊花魚、烤大蝦、炸蝦托、咖哩雞塊、龍鳳雙腿等。

「濟寧風味菜」是指魯南及魯西南地區，包括臨沂、濟寧、棗莊、菏澤等地區的地方特色菜式。濟寧等地有大運河透過，屬南北交通要道，在烹調方面受南北烹調技術影響較大。居民口味喜鹹鮮、嫩爽、醇厚，以烹製河湖水產及肉禽蛋品見長。代表菜有清蒸鱖魚、紅燒甲魚、奶湯鯽魚、油淋白鱗等。

鱖魚是微山湖名產之一，肉質潔白細嫩，是當地宴席不可缺少之佳品。「活燉甲魚」時，將甲魚放在盛滿清水的鍋內，鍋蓋鑽有孔。水熱後，甲魚即從蓋孔裡鑽出頭來喘氣，這時用備好的調料香油、醬油、醋、鹽，一匙匙灌進甲魚口中，甲魚邊喝邊洩，直至燙死，然後換水燉熟，其味鮮爽醇美。

不過，說到濟寧風味菜，恐怕最有影響的當屬「孔府菜」。孔府飲食有著得天獨厚的物質條件。不僅有欽賜的土地，還有欽賜的佃戶。有屠戶、豬戶、牛戶、鴨蛋戶、菱角戶、香米戶、擇豆芽戶等，專門從事各類食品的加工，以供孔府日常或年節宴客之用。另外，還有各地向孔府進貢的各種山珍海味。

　　孔府烹飪非常講究，如所用的各種點心不僅都是自己府內的廚師製作，而且一定要現做現吃，製作精細。

　　孔府菜餚的製作講究精美，重於調味，工於火候。孔府菜在選料上極為廣泛，粗細料均可入饌。只是細料精製，粗料細做。口味以鮮鹹為主，火候偏重於軟爛柔滑，烹調技法以蒸、烤、扒、燒、炸、炒見長。著名的菜餚有當朝一品鍋、御筆猴頭、神仙鴨子等。

　　孔府中也有一些野菜也可入肴，如薺菜、山芋、「珍珠筍」、「龍爪筍」等都可以製成美味入宴。至於家常菜，雖然用料平常，但製作很是講究。

　　如「神仙鴨子」一菜，對火工要求很嚴。相傳孔子後裔孔繁坡在山西做知州時，特別喜歡吃鴨子，家廚就不斷變換烹飪技法。

　　有一次這位廚師將鴨子洗滌乾淨後，精心調味，入籠蒸制。因為當時無鐘錶，用燃香計時。鴨子入籠後燃香於旁，香燼後取出鴨子，味香醇厚，軟爛滑腴，孔知州食後大加讚賞，遂賜名「神仙鴨子」，後傳至孔府，成為名饌。

自清代起，山東筵席菜格式以大件菜、行件菜為結構形式。大件菜即筵席之主菜，它要求原料珍貴或完整，如海參席的海參菜為第一道主菜，其餘大件則是由魚、鴨、雞、肉菜組成，魚類大件菜如糖醋鯉魚、醋椒魚、清蒸嘉吉魚、燒鯧魚，鴨、雞類大件菜如烤鴨、八寶鴨子、冬菜鴨子、香酥鴨子、紅扒雞、香酥雞、布袋雞，肉類大件菜如扒肘子、紅燒肘子。

行件菜是以煎炒烹炸等方法烹調的碟菜，與大件菜配合形成完整的筵席。著名的有爆雙脆、芫爆魷魚卷、油爆海螺、熘肝尖等。

閱讀連結

據傳說，清朝歷代皇帝常到孔府，而孔府也常遣廚師進宮製作孔府佳餚，敬請皇太后、皇帝和后妃品嚐。

清代承襲明代品官等級制，官銜為一至九品，一品為最高，九品為最低，清代將孔府列為當朝一品官的官府。因而，皇帝對孔府用雞、豬蹄、鴨、海參、魚肚等各種珍貴原料烹製成的湯菜，賜名為「當朝一品鍋」，後來成為孔府及所有一品官府名菜，歷代相傳。

鹹甜醇正 蘇菜

　　蘇菜即江蘇菜，後統稱為淮揚菜，與魯菜、川菜、粵菜並稱為中國漢族四大菜系。「淮」指的是江蘇淮安，「揚」指的是江蘇揚州。淮揚菜，始於春秋，興於隋唐，盛於明清，素有「東南第一佳味，天下之至美」之美譽。

　　蘇菜擅長燉、燜、蒸、炒，重視調湯，保持原汁，風味清鮮，濃而不膩，淡而不薄，酥鬆脫骨而不失其形，滑嫩爽脆而不失其味。同時注重刀工，刀法細膩。蘇菜主要菜品有粉蒸獅子頭、淮安茶饊、平橋豆腐、文思豆腐和文樓湯包等。

▌初具雛形的上古蘇菜

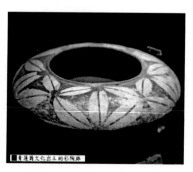

■青蓮崗文化出土的彩陶鉢

　　蘇菜歷史悠久。據出土文物表明，早在六千年以前，江蘇先民就已用陶器烹調。在楚州區「青蓮崗文化遺址」出土的文物中，用於飲食的陶器如鉢、鼎、杯等佔有相當比重，表明當時人們的飲食已達到較高水準。

　　戰國末期楚國辭賦家屈原在《楚辭·天問》中，記載了彭祖做雉羹事帝堯的傳說。

　　那是在三皇五帝中的堯帝時期，中原地區洪水泛濫成災，堯帝帶領大家治理水患。由於長期操勞過度，堯帝積勞成疾，臥病在床，數天滴水不進，眼看生命垂危。就在這危急關頭，彭祖根據自己的養生之道，下廚做了一道野雞湯。

　　湯還沒端到跟前，堯帝遠遠就聞見香味，竟立刻翻身躍起，食慾大動，隨後一飲而盡，第二天容光煥發。此後，堯帝每日必食彭祖做的雞湯，雖日理萬機，卻百病不生。

　　因為彭祖善於調製味道鮮美的野雞湯，獻給帝堯食用，被帝堯封於大彭這個地方，之後又把彭城封給他。

中國上古文獻彙編《尚書》記載：夏代有「淮夷貢魚」，這應該是淮揚菜系最初的文獻記載；中國古代關於禮樂文明的《周禮·職方氏》有「東南日揚州⋯⋯其谷宜稻」的記載，可見揚州是天生的魚米之鄉。這些足以證明，距今四千年左右的揚州已經出現烹飪技術了。

　　淮安地處淮河下游，江淮腹地，東臨黃海，境內湖泊眾多，原野廣袤，四季分明，氣候溫和，一年四季禽魚果蔬聯翩上市。豐富的物產為淮安人創製美味佳餚提供了豐厚的物質基礎和廣闊的施展空間。

　　春秋時期的西元前四六八年，吳王夫差開鑿邗溝，淮安處於控制淮運的交匯點上，一舉成為江淮重鎮，也是南北漕運咽喉。

　　秦代以後，揚州實現從自然區劃向行政區劃的轉變。而西漢吳王劉濞建都廣陵，揚州脫胎換骨，成為了東南封都，「淮左名都」由此得名。由於得煮鹽鑄銅之利，財力雄富，士馬精妍，國用饒足，南朝宋文學家鮑照的《蕪城賦》中道：

　　當昔全盛之時，車掛轊、人駕肩，廛闐撲地，歌吹沸天！

　　揚州人日子富了，腰包鼓了，自然不餓肚皮了，進而吃得飽，還要吃得好。

　　秦漢以後，關於淮安地區美食的記載頻頻見於典籍。西漢時，辭賦大家枚乘在《七發》中描繪的美食，如「筍蒲配小牛腹腴、烤獸脊肉薄片、烹野雞、烹秋蔬」等，就是家鄉的精美菜餚。

鹹甜醇正 蘇菜

相傳「獅子頭」這道蘇菜最早創始於漢代。漢高祖劉邦手下有一位將軍到揚州看到了瓊花，對揚州的萬松山、金錢墩、象牙林、葵花崗四大名景十分留戀。回到行宮便命御廚以上述四景為題，製作四道佳餚，即松鼠鱖魚、金錢蝦餅、象牙雞條、葵花獻肉，獻給劉邦。劉邦品嚐後讚賞不已，並且賜宴群臣。從此，這道菜傳遍大江南北。

廚師們受「葵花獻肉」的啟示，將巨大的肉圓製成葵花狀，造型別緻，猶如雄獅之頭，可紅燒，也可清燉；清燉較嫩，加入蟹粉後稱為「清燉蟹粉獅子頭」。

漢代的名醫華佗在江蘇行醫時，就和江蘇弟子吳晉均提倡「火化」熟食，即食物療法。

據記載，當時南京的廚師，能用一個瓜做出幾十種菜，一種菜又能做出幾十種風味來。秦漢時代蘇菜已經別具特色。

揚州城郊漢代墓葬出土的銅鼎及碗、盤、壺、勺等漆器飲食器具來看，也從側面反映了當時揚州人飲食的考究。可以說，蘇菜在很早就已經確立了中華一大風味菜系的地位。

閱讀連結

蘇州是吳國的都城，吳、楚的經濟文化交流較密切，《楚辭招魂》中就記載楚國聘請吳廚師，做出一手鮮美的酸辣羹。春秋戰國之交，越滅吳、楚滅越，又是一次吳、越、楚經濟文化大交融。漢武帝統一閩越，又遷徙四萬多閩越人散居於江淮地帶，當然又給蘇菜增加了閩菜的成分。

秦漢以後，東吳、東晉和南朝的宋、齊、梁、陳六個朝代，都銳意經營華東地區。隨著經濟和交通的發展，金陵、鎮江、無錫、常州、溫州等城市相繼崛起，給蘇菜增添了不少後勁。

唐宋時蘇菜的鮮明特色

隋代初年，經過隋文帝楊堅的一番整頓改革，社會經濟出現了繁榮的景象。隋煬帝楊廣即位後，為了加強對全國的控制，並使江南地區的物資能夠更方便地運到北方來，在洛陽建造一座新都城東都，又開鑿一條貫通南北的大運河，促使了南方烹飪技術的發展。

西元六零五年，隋煬帝下令大興土木，營建東都洛陽。與此同時，隋煬帝又下令征發河南、河北各地民工一百多萬人，開鑿一條貫通南北的大運河，前後用了不到五年時間，一條溝通海河、黃河、淮河、長江、錢塘江五條大河的隋唐大運河全部完工。

隋煬帝特別喜歡外出巡遊。是年秋天，他帶著二十幾萬人的龐大隊伍到江都巡遊。以後，隋煬帝又兩次巡遊江都。隋煬帝三幸江都，將北方烹技帶到揚州。沿途各地競獻水陸珍奇、珍饈美味，給揚州廚師兼收眾家之長提供了有利條件。

隋唐大運河全線貫通後，更是使淮安、揚州成為南北交通樞紐和運河繁華都會，商旅雲集，物阜民豐。楚州港還是重要的對外交往口岸，李北海《娑羅樹碑》稱之為「淮楚巨防，江海通津」。

　　唐代，日本國曾十三次派遣唐使經由楚州回國。從事東北亞客貨運輸業的新羅人則聚居於山陽、漣水的新羅坊。尤其是波斯、阿拉伯商人定居馬頭鎮、北辰坊等地，經營大宗貿易，將清真風味和穆斯林獨特的烹飪方法帶到了這裡，為全羊席誕生於淮揚奠定了基礎。

　　淮安、揚州成為「南北之襟睡喉、漕運之要津」以後，漕運、鹽務的興盛，極大地刺激和推動著餐飲業的發展。出現了一邊是「兩岸漕船八十里，檣燈纍纍一時起」，一邊是「清淮八十里、臨流半酒家」的社會景觀。

　　在達官豪商的影響帶動下，淮安地區的飲食風氣也由當初的「饌飲約儉」轉向「狃於習尚，爭匿為侈靡」。

　　這一畸形現象，為烹飪技術的推陳出新、爭奇鬥豔提供了巨大的空間。淮安地區名聞天下的「全鱔席」、「全羊席」、「全魚席」等眾多名宴名菜都是這一社會背景下相繼產生的。

　　「安史之亂」後，唐王朝皇室成員大批南下，又推動了南北菜餚技藝在揚州的交流。

　　傳說唐代詩人韓愈，特別愛吃魚。他在唐代貞觀年間任徐州通判時，有一次在護城河中釣到一條鱡魚，十分高興，但是他不知道鱡魚如何做，於是他就將鱡魚用重油與湯水混合一起把魚煮熟。

　　韓愈吃了一口覺得味道非常美，就讓大家一起吃。大家吃後都說好吃，於是這道菜便流傳下來。後來人們稱韓愈喜歡吃的這道菜為「五味魚。」

據記載，江蘇揚州，因地處「海上絲綢之路」北上赴京的咽喉重地，到唐代時，已經發展成為東南經濟中心。唐詩中稱讚「萬商日落船交尾，一市春風酒並壚」。唐代揚州的飲食市場非常火爆，廚藝越來越精湛。商人們紛紛「腰纏十萬貫，騎鶴下揚州」，品嚐美食。唐代詩人李白詩中寫道：

玉瓶沽美酒，銜杯大道間。

唐代揚州海魚化石的出土，也論證了烹飪原料從畜、禽、河鮮、野蔬向海鮮發展。

到了宋代，蘇菜的口味有較大變化。原來南人菜鹹而北方菜甜，江南進貢到長安的魚蟹要加糖加蜜。宋室南渡杭城，中原大批士大夫南下，帶來了中原風味的影響。蘇、錫地方人嗜甜，由此而多起來。

宋代文人王禹偁、韓琦、歐陽修、蘇軾等，先後任揚州太守，對烹飪很有研究，留下許多美食詩文，推動了揚州菜水準的提高，也提高了揚州菜的文化品位。

蘇軾任揚州太守時，曾經在揚州推廣醃製醉魚、醉蟹、鴨蛋等。他在《揚州以土物寄少遊》一詩中寫道：

鮮鯽經年祕醽醁，團臍紫蟹脂填腹。

後春蓴茁活如酥，先社姜芽肥勝肉。

鳥子纍纍何足道？點綴盤飧亦時欲。

淮南風俗事瓶罌，方法相傳竟留蓄。

且同千里寄鵝毛，何用孜孜飲麋鹿！

鹹甜醇正 蘇菜

　　在宋代還有許多文人對蘇菜美食的記載。例如：宋代蘇菜的「淮白魚」名氣很大，屢屢受到詩人們的歌詠。如梅堯臣有一詩《和張祕校得糟魚白》寫道：

　　食魚何必食河魨，自有詩人比興長。

　　淮浦霜鱗更腴美，誰鱗按酒敵疱羊。

　　詩人認為糟淮白非常「腴美」，做下酒菜可以與羊肉菜匹敵，是令人喜愛的。

　　唐代揚州官府的「爭春宴」、宋代歐陽修「太守宴」、五代廣陵官府的「縷子膾」、民間的鱔魚菜等組配合理，突出刀工，色香味形俱佳，是這一時期淮揚菜的代表名宴、名菜。

　　唐宋時期，淮揚地域菜系風味已具有鮮明特色，加之南北交流和文人的總結，提高了揚州菜技藝水準和文化內涵。當時，中國菜餚主要風味為北食、南食、川菜、素食，淮揚菜為南食的主要代表之一。

　　帝王的巡幸、文人騷客的讚許，無疑對推動淮揚菜系的形成與發展造成了至關重要的作用，同時，也是對飲食文化上的大交流造成了決定性作用。

閱讀連結

　　蘇東坡寓居常州的時候，吃河豚吃上了癮。當時有個酒家，便熱情邀請大詩人蘇東坡免費品嚐這家店的河豚。在蘇東坡獨自嘗鮮時，廚師全家在屏風後屏息觀察動靜，但願蘇

東坡高興之餘美言讚賞或落筆題字。但是，蘇東坡常常一言不發，只顧品嚐，直到杯盤盡淨，使廚師不免有些失望。

有一次，蘇東坡吃完河豚，突然把筷子一放，嘆道：「值得一死！」頓時，廚師全家慶賀。大詩人一語既出，河豚價值連城。

▍明清時蘇菜流行全國

■清炒蝦仁

明代，朱元璋在南京登基後，欽命揚廚專司內膳。明成祖朱棣遷都北京，帶了一些揚廚主理御膳房，淮揚菜在京師生根。揚州宴席的發展在明萬曆年間形成高潮。據當時的《揚州府志》記載：

揚州飲食華奢，市肆百品，誇視江表。

至清代，兩淮為繁華富庶之地，鹽漕運輸的樞紐地位使揚州雄踞東南美食中心寶座，致使「涉江以北，宴會珍錯之盛，揚州為最」。

鹹甜醇正 蘇菜

　　淮揚各地還加大對紫禁城宮廷膳饈影響的力度，除每年貢果品、調料外，尚要貢沙雁、野雞、鵪鶉等野味，清乾隆年間還進貢藕粉，此外還有秦郵董糖、界首茶乾等土特產。

　　據《食在宮廷》介紹，清帝喜吃的菜有一百多款，其中淮揚風味菜如紅燒獅子頭、清炒蝦仁等達六十多款。其典型的例證，就是《紅樓夢》作者曹雪芹的祖父曹寅在揚州任巡鹽御史，每年都要貢獻南味給康熙帝，所謂「水落魚蝦常滿市，湖多蓮芡不論錢」。

　　當時常年進貢不懈的是筍，因為，清康熙皇帝喜吃春筍，每次南下必食，曹寅多次進貢揚州燕來筍以博皇心大慰。

　　清康熙、乾隆南巡，淮揚菜接駕更是盛況空前，據《揚州畫舫錄》記載：「上買賣街前後寺觀皆為大廚房，以備上司百官司食飲。」清代蘇菜流行於全國，乾隆皇帝曾六次南巡，留下了許多美食佳話，其中有一道名菜叫做「魚頭豆腐」，它的來歷就與乾隆下江南有關。

　　傳說清乾隆微服私訪到江蘇吳山，剛到半山腰下起了大雨，乾隆皇帝淋成落湯雞。他饑寒交加，便走進一獨居人家找一些食品充饑。

　　屋主王潤興是一個經營小吃的小販，見來人如此模樣，頓生同情心，可是家徒四壁，便把沒賣出去的一個魚頭和一塊豆腐加一些味料放進砂鍋中燉好給乾隆吃。這時的乾隆覺得這菜比宮中山珍海味還好吃。

後來，乾隆再次來到吳山時，他沒忘記這位王小販，又去這間破屋子，對王潤說：「你手藝這麼好怎不開一個飯鋪呢？」

　　王潤說：「我自個都吃不飽那有錢開店呀！」乾隆就賞賜他五百兩銀子，還提筆寫下「皇飯兒」三個大字，落筆竟是「乾隆」二字。

　　王潤興這才知道他遇上了當今皇上，驚得長跪不起。從此，王潤興便把乾隆御筆「皇飯兒」掛在中堂，專營魚頭燉豆腐。從此「魚頭燉豆腐」便有了名氣。

　　清乾隆講究口腹享受，特別喜愛吃南方菜，曾下旨編制蘇杭菜譜。可見蘇州菜在他心目中的地位。

　　揚州某古寺有一名文思和尚，善制各種豆腐素肴，特別是他用嫩豆腐、金針菇、木耳等原料做成的豆腐湯，味道鮮美，受到乾隆讚美，一度把「文思豆腐」列入宮廷菜單之中。

　　乾隆三下江南時，在無錫某小店吃到鍋巴上澆蝦仁、熟雞絲、雞湯熬製的濃汁而發出吱吱響聲，很感興趣，稱讚說：「此菜可稱天下第一。」從此，這道菜身價百倍，並被稱為「天下第一菜」。蘇州松鶴樓的「松鼠魚」也因乾隆大鬧松鶴樓而名揚四海。

　　乾隆皇帝喜歡吃蘇菜，民間還流傳著他連廚師也要帶走的故事。蘇菜的講究，如同蘇州園林一樣精緻，以至民間有句口頭禪，「破歸破，蘇州貨」。

　　清代，康熙、乾隆二帝十二次下江南，到蘇州品嚐美食不下十次，乾隆第四次南巡返回北京時，將廚師張東官帶回

清宮。自此以後，無論外出巡幸或偶居承德避暑山莊或圓明園，張東官都隨營供膳，張東官是蘇州人，最擅長南味菜餚和點心。

清乾隆第六次南巡。因張東官年屆七十，由於年邁，腰腿病發不能隨往，乾隆不得不忍痛割愛，將他送回故里。乾隆南巡迴歸前，再選送蘇、杭廚役各一名，帶回北京。

揚州創製了許多精美菜品，如三絲魚卷、象牙裡脊、葵花斬肉、將軍過橋、扒豬頭、爆竹雞、玉米魚、蛤蜊魚餃等。揚州菜製作精細，如文思豆腐之刀工，「三套鴨」之整鴨出骨，摸刺刀魚之去刺，均有較高的技術難度。揚州烹飪造就了名廚，清代揚州廚師名播華夏，確立了淮揚菜系的地位。

明清以後，淮菜和揚菜開始相互滲透、逐漸融合，並糅合南北風味於一爐，從而形成了統一的菜系。並出現了名氣極大的「全鱔席」、「紅燒獅子頭」、「欽工肉圓」、「「淮安文樓湯包」、「大煮乾絲」等。當時淮揚菜與魯、川、粵菜並稱全國「四大名菜」，在很長一段時期內，稱為四大幫口，現在稱「四大菜系」。

閱讀連結

「平橋豆腐」是江蘇的一道名菜，它是淮揚菜中之一款。相傳清乾隆皇帝下江南之時，乘龍舟路經這裡。當時有位名叫林百萬的大財主，認為這是天賜良機，令人在淮安至平橋鎮四十多里的路上，張燈結綵，鋪設羅緞，硬是把皇上接到了家裡。

林百萬是個很有心計的財主，早在接駕之前，他就派人探聽到皇上的飲食口味，所以他命家廚用鯽魚腦子加老母雞原汁燴當地的特色豆腐款待乾隆。乾隆雖然嘗遍山珍海味，可是他何曾品味過如此具有地方特色的風味呢？因此他品嚐以後，連連稱好。接駕以後，鮮美可口的平橋豆腐便不脛而走，從此譽滿江淮，成為淮揚菜系裡的傳統名菜。

▎蘇菜中的有名代表菜品

■叫花雞

　　江蘇菜系又稱淮揚菜系、蘇菜，主要由淮揚菜、蘇錫菜、南京菜、徐州菜組成。江蘇菜擅烹製鮮活淡水產品，講究刀工，注重火功，口味鹹甜適中、清鮮淡雅，重原汁原味，擅長燉、燜、煨、蒸、燒等烹調方法。如將軍過橋、獅子頭、扒燒整豬頭、鎮江肴蹄、鹽水鴨等都是蘇菜的代表菜。

　　淮揚名菜「將軍過橋」即黑魚兩吃，因黑魚性烈，是兇猛魚類，群魚見了都會「退避三舍」，故冠以「將軍」。

　　「過橋」是說在清代揚州，將下好的麵條從鍋裡挑入放有鮮湯的碗中，稱之為「過橋」。

鹹甜醇正 蘇菜

　　該菜選用重零點七五公斤左右的鮮黑魚，魚肉製成炒魚片，魚骨、魚腸等制湯。一魚兩吃，有菜有湯，魚片鮮嫩可口，魚湯濃白如乳，湯中魚腸如佛手，是揚州的傳統名菜。

　　「獅子頭」是膾炙人口的揚州名菜之一。獅子頭用揚州話說即是大肉，北方話說即是大丸子。將肥七瘦三的豬肋條肉剁成石榴粒狀後製成丸子，微火燜燉熟後丸子表面的肥肉大體熔化但沒全部熔化，瘦肉則相對顯得凸起，給人一種毛毛糙糙的感覺，因丸子大而表面毛糙於是便稱之為獅子頭了。

　　獅子頭一菜的烹製極重火功，用微火燜約四十分鐘這樣製出後便肥而不膩入口即化了。揚州獅子頭有清燉、清蒸、紅燒三種烹調方法，至於品種則較多，有清燉蟹粉獅子頭、河蚌燒獅子頭、鳳雞燒獅子頭、青菜燒獅子頭、芽筍燒獅子頭、清蒸蟹粉獅子頭等菜都是獨具風味的。

　　「扒燒整豬頭」一菜傳說是和尚燒製的，是和尚專門做給別人吃的。清《揚州風土詞萃》中收有白沙惺庵居士的《望江南》詞，其中有一首這樣寫道：

　　揚州好，法海寺閒游。湖上虛堂開對岸，水邊團塔映中流，留客爛豬頭。

　　另有傳說清乾隆年間，揚州瘦西湖法海寺的有一廚師燒製的豬頭很好吃，遊客頗喜品嚐。當時流傳一首有關歌謠：

　　綠楊城，法海憎，不吃葷，燒豬頭，是專門，價錢銀，值二尊，瘦西湖上有名聲，祕訣從來不告人。

法海寺的蓮性和尚曾與一廚師關係密切，並得其真傳，於是鹹甜適中，肥而不膩，入口即化的扒燒整豬頭就流傳開了，成為揚州一大名菜。

　　「鎮江肴蹄」是馳名中外的食品之一。傳說清代鎮江一夫妻店，在醃豬蹄時誤把皮硝當細鹽使用，但醃出的蹄子肉色鮮紅，烹製時香味濃郁，竟使「八仙」之一的張果老也來品嚐了，從此名聲大震顧客紛紛爭購。

　　「鹽水鴨」一菜早在清人陳作霖所撰《金陵瑣志》中就有記載：

　　鴨非金陵所產也。率於邵伯、高郵間取之。麛鳧稚鶩千百成群，渡江而南，闢池塘以畜之。約以十旬肥美可食。殺而去其毛，生鬻諸市，謂之「水晶鴨」；舉又火炙，皮紅不焦，謂之「燒鴨」；塗醬於膚，煮使味透，謂之「醬鴨」；而皆不及「鹽水鴨」之為無上品也，淡而旨，肥而不濃；至冬則鹽漬，日久呼為板鴨，遠方人喜購之，以為饋獻。市肆諸鴨，除「水晶鴨」外，皆截其翼足，探其肫，肝零售之，名為「四件」。

　　由此看出，早在清代，鹽水鴨就以「淡而旨，肥而不濃」的「無上品」著稱，為南京鴨饌之佼佼者。

　　鹽水鴨四季皆有，但以秋季桂花開時最肥美，此時新鴨上市皮白肉細，鮮嫩異常、品質極優，俗稱桂花鴨。鹽水鴨選料講究，程式嚴格，要經鹽醃、復鹵、吊坯、湯鍋等工序。有口訣道：

　　熱鹽擦、清鹵復、吹得乾、焐得透，皮白肉嫩香味足。

美食中華：八大菜系與文化內涵

鹹甜醇正 蘇菜

「肺湯」實為斑肝湯，在太湖之濱靈岩山下的吳縣木瀆鎮有一家「石家飯店」，該店名菜之一即肺湯，該菜是採用太湖特產的斑魚肝與魚肉輔以火腿、香菇、筍等用雞清湯再調味，最後加胡椒粉後進一步調味而成。該菜魚片稍向內卷，色白稍帶淡青，斑肝呈淡黃色似雞油，湯清鮮，肉肥嫩入口即化，是夏秋季的時令菜餚。

斑肺湯在清人朱彝尊撰的《食憲鴻祕》中有記載，其斑魚菜的做法是：

揀不束腰者剝去皮雜，洗淨。先將肺同木花入清水浸半日，與魚同煮。後以菜油盛碗內，放鍋中，任其沸湧，方不腥氣。臨起，或入嫩腐筍邊，時菜，再搗鮮薑汁，酒漿和入佳。

此處把斑肝誤當成肺了。再看清袁枚《隨園食單》中斑魚菜：

斑魚最嫩，剝皮去穢，分肝、肉二種，以雞湯煨之，下酒三分、水二分、起鍋時，加薑汁一大碗，蔥數莖，殺去腥氣。

袁枚所記斑魚的做法與今較相似，只是薑汁不用一大碗了。清《調鼎集》中記有「膾斑魚肝」：

魚肝切丁，石膏豆腐打小塊。另將豆腐、火腿、蝦肉、松子、生脂油一併削絨，入作料，肝丁、豆腐塊一同下鍋，雞湯膾，少加芫菜。

此膾斑魚肝與今日之斑肝湯依然是很相似的。由以上記載可知，早在清初就有了類似的名菜並被多次收入菜譜了。

閱讀連結

　　清代惺庵居士《望江南》詞寫道：「揚州好，茶社客堪邀。加料千絲堆細縷，熟銅煙袋臥長苗，燒酒水晶肴。」此詞形象生動地描繪了清代揚州的居民品嚐「加料乾絲」的情景，頗似一幅生動的風俗畫。清代乾隆皇帝六下江南，揚州地方官員曾呈上「九絲湯」以「獻媚乾隆」。

　　「九絲湯」主要是用乾絲外加火腿絲、筍絲、銀魚絲、木耳絲、口蘑絲、紫菜絲、蛋皮絲、雞絲烹調而成，有時還外加一些海參絲、蟶乾絲或燕窩絲。又因豆腐乾本身滋味很薄，要想入味，必需借用滋味鮮醇的雞汁，再加上多種佐料的鮮香味，經過烹調復合到豆腐乾絲裡，吃起來爽口開胃，異常珍美，令人食之不厭。

美食中華：八大菜系與文化內涵

椒麻辛香 川菜

椒麻辛香 川菜

　　川菜是中國烹飪的主要菜餚，發源於古代的巴國和蜀國，經歷了春秋至秦的啟蒙時期後，在兩漢兩晉，呈現初期的輪廓。中經隋、唐、五代、兩宋，到明末清初，川菜利用辣椒調味，對巴蜀時期「好辛香」的調味傳統有所發展，最後形成了地方風味極其濃郁的菜系。

　　川菜以「味」聞名，味型較多，富於變化，尤以魚香、紅油、怪味、麻辣的特點較為突出。它的風格樸實而又清新，具有濃厚的鄉土氣息。具有「一菜一格」、「百菜百味」的特殊風味。

▌發源於古巴蜀國的川菜

■燉雞堡

　　那是在西周時期，巴蜀開始建國。巴國物產豐富，據《華陽國志·巴志》記載：「土植五穀，牲具六畜」，「並出魚鹽茶蜜。」當時使用的調味品已經有鹵水、岩鹽、川椒。蜀國則是「山林澤魚，苑囿瓜果，世代節熟，靡不有焉」。

　　有一次，巴國的國王得了一種怪病，他每天感到身體發冷，御醫給他開很多藥方，但國王卻始終不見好轉，王后眼看著國王被怪病折磨，心裡十分著急，但也無能為力。

　　這天夜裡，王后剛睡著，就夢見了一隻大公雞，這只大公雞整個身子變成了紅色，還對著她打鳴，她馬上被這個夢驚醒。這時，她果真聽到外面有一隻公雞在打鳴，她認為這一定是神仙給她託夢，讓她去把那只打鳴的公雞殺了給巴王吃。

　　於是，王后把那只公雞捉來，宰殺後放在鍋裡，她又想起夢中看到的是一隻紅公雞。正巧，這時她抬頭看到了一串

紅辣椒，便立刻把那一串紅辣椒放在了雞的身上，用水一起煮。

　　等到雞做好後，她把雞湯端給巴王吃。巴王吃過這只大公雞後，頓時感覺身體有所好轉。王后看到國王好了起來，不禁高興起來。此後，又用同樣的方法煲了幾次湯。不久後，巴王終於病好了。從此，這種以紅辣椒煲的雞就成了巴國人的一道名菜。後來經過人們的不斷改進成為了有名的「巴國燉雞煲」。

　　傳說很久以前，蜀國的國王有一對雙胞胎王子，其中一個叫虹，一個叫月。兩個人必有一個繼承王位。但最終還是月繼承了王位。

　　月當上了蜀國的國王后，就想找個理由把虹給殺掉，他挖空心思也沒有想出理由來。

　　月每天吃烤牛肉，吃久了感覺一點味道都沒有。這時，他突然想起虹喜歡烹飪，便把虹叫到宮殿來對他說：「我現不想吃烤牛肉了，你給我做出一種別有風味的牛肉，如果好吃的話就不殺你，如果不好吃就別怪我不念兄弟情分。」

　　虹回到家裡後，一直在想月到底喜歡吃什麼樣的牛肉？他正在發愁的時候，突然聽到家人在用水洗牛肉，他馬上靈機一動，讓家人把牛肉放到鍋裡加上水煮，然後又放上佐料。

　　沒想到牛肉煮熟之後，味道十分鮮美。於是，他就把煮熟的牛肉獻給月。

　　當月吃了牛肉之後，感到別有一股風味。於是就沒有殺虹，並把他留在宮中做了御廚。後來，蜀國人也開始效仿煮牛肉的做法。久而久之，這道菜就流傳了下來。

　　據《華陽國志·蜀志》記載：

　　其辰值末，故好滋味，德在少昊，故尚辛香。

　　這段話說明位於中國西陲的少昊時的巴蜀，由於氣候環境的影響，好食辛辣厚味的食物。這是以陰陽五行之說來解釋蜀人「好滋味，尚辛香」的原因。

　　四川盆地氣候溫熱潮濕，生活在這種氣候和自然環境中的人，無論從生理和味覺上，都會對辛辣芳香的食物產生一種自然的需要，以刺激味覺，攝入較多對身體有益的養分，來滿足人體代謝的需要，從而抵禦疾病的侵襲。

　　秦統一天下時，巴蜀地區就已經有薑、花椒等風味特產，並用之做調味品了。

　　事實上，無論巴蜀原有的薑、花椒、蔥、韭，還是後來引進的大蒜、辣椒，都分別具有散寒去濕、通竅活血、避辛解毒、袪寒解表、調味通陽之功效。恰好這些食物的食療功能，適合了生活在內陸盆地的巴蜀人的需要，因而才大行其道。

閱讀連結

　　血旺也叫血豆腐，源自雲南少數民族，為動物血加鹽直接加熱凝固而成的食品，常見的血旺為鴨血、雞血、豬血製

作而成。血旺可以直接吃，也可以搭配其他的食材進行二次烹飪。

　　傳說在蜀國江邊有一位養鴨子的人，每一次人們從他這裡買了鴨子，都是在江邊上殺掉，一大盆鴨血要被扔掉。其中一個商人就把人家不要的鴨血收起來，在江邊上開了一家餐館，把凝固的鴨血放到炒菜的鍋裡去煮著吃，並取名「毛血旺」。後來，毛血旺這道菜經過烹飪技巧的改造，成為了川菜的一道名菜。

▌秦漢時期川菜特色形成

■秦代食器

　　川菜的出現可追溯至秦漢，大致在秦始皇統一天下到三國鼎立之間。當時四川政治、經濟、文化中心逐漸移向成都。其時，無論烹飪原料的取材，還是調味品的使用，以及刀工、火候的要求和專業烹飪水準，均已初具規模，已有菜系的雛形。

美食中華：八大菜系與文化內涵

椒麻辛香 川菜

　　秦惠王和秦始皇先後兩次大量移民蜀中，同時也就帶來中原地區先進的生產技術，這對發展生產有巨大的推動和促進作用。秦代為蜀中奠定了良好的經濟基礎。

　　傳說秦代有一位將軍奉命攻打蜀國，在奪取成都之後，蜀軍的殘部又準備奪回成都，將軍聞訊立即揮軍南下。為麻痺蜀軍贏得戰機，將軍令將士雙腿綁上三十斤沙袋，行軍速度慢了很多。

　　蜀軍果然上當，預測秦軍以此速度行軍，要包圍他們需要七八天才能到達，遂放寬心進攻。但秦軍暗中抄近路行軍，遇到渡江過河，不搭橋不渡船，把將士腿上綁紮的沙袋填入水中築堤迅速透過。

　　將士們解下沙袋後身輕如燕，行軍快如飛。日夜兼程，因來不及埋鍋造飯，就特製一種燒餅，周邊厚中間薄，扎一小孔用繩子串起掛在腰間。將士們行軍餓了，就扯一個喝口涼水充饑，因此只用三天三夜就把蜀軍包圍了。

　　秦軍半夜時分合擊蜀軍大本營。蜀軍從睡夢中驚醒，以為是神兵從天而降，嚇得暈頭轉向，這一戰秦軍俘虜了蜀王。

　　後來，成都人把秦軍將士掛在腰間行軍時吃的燒餅改製為特具風味的餅，又名「秦餅」。

　　到了漢代，川菜與華夏飲食文化有了結合。三國時候，蜀國南邊的南蠻洞主孟獲總是不斷來襲擊騷擾，諸葛亮親自帶兵去征伐孟獲。諸葛亮在七擒七縱孟獲，成功收服孟獲後，班師回朝。在路過瀘水時忽然之間烏雲密布，狂風驟起，軍隊無法穿越瀘水。

諸葛亮本身就十分精通天文地理，他對於瀘水的異常現象感到疑惑，孟獲告訴他說，這裡以前戰爭死了許多人，死後的冤魂不散，需要祭品才能夠過去。這個祭品居然是四十九顆人頭。

諸葛亮不同意用人頭做貢品，於是他命令士兵殺牛宰羊，將牛羊肉斬成肉醬，拌成肉餡，在外麵包上麵粉，並做成人頭模樣，入籠屜蒸熟。這種祭品被稱作「蠻首」。

諸葛亮將這肉與麵粉做的蠻首拿到瀘水邊，親自擺在供桌上，拜祭一番，然後一個個丟進瀘水。受祭後的瀘水頓時雲開霧散，風平浪靜，大軍順順噹噹地渡過去了。

從此以後，人們經常用蠻首作供品進行各種祭祀。由於「首」、「頭」同義，後來就把「蠻首」稱作「饅頭」。

饅頭作了供品祭祀後被食用，人們從中得到啟示，以饅頭為食品。這也說明了巴蜀地區的烹飪水準在東漢末、三國時期有了相當的提高。

秦滅蜀到西漢末年的三百餘年間，由於第一次移民以後巴蜀經濟的發展，成都的繁榮導致了物產的豐富與飲食業的興旺，這就是揚雄《蜀都賦》裡說的：「調夫五味，甘甜之和，芍藥之羹，江東鮐鮑，隴西牛羊」及具有珍稀野禽野獸「五肉七菜」的宴菜。

曹操在《四時食制》中，特別記有：「郫縣子魚，黃鱗赤尾，出稻田，可以為醬」；黃魚「大數百斤，骨軟可食，出江陽、犍為。」還提到「蒸鯰」，可見當時已有清蒸鯰魚的菜式。

　　古典四川菜在漢代晚期時已經初具規模，而且中原烹飪文化的精神「五味調和」已經成為四川至少上層人士飲食的基調。再就是「江東鮐鮑，隴西牛羊」，說明了四川烹飪原料不是單純就地選取，而是透過水陸運輸從長江下游和秦嶺以西獲得。

　　後來，考古工作者從忠縣東漢墓葬出土了一件珍貴文物「庖廚俑」。這個世族家廚模樣的陶俑，頭戴高帽，身前擺滿了豬頭、雞、鴨、魚、臘腸、蔬菜等食物。

　　重要的是，東漢墓葬中還發現了餃子。這是迄今為止關於中國餃子的最早記錄，反映了東漢時巴蜀烹飪文化在中原文化的同化下漸趨成熟。從這時開始，古典巴蜀烹調逐漸與中原、江南的烹飪出現分野。

　　古典川菜第一次展示個性化特色，是在東漢末到魏晉這段時間。重要的標誌，就是「喜著飴蜜」這個「嗜甜」傾向的突顯。三國時，成都登上中國政治舞台，巴蜀地區在東漢末年開始的第二次移民中獲得經濟持續發展。其後，在隋、唐、五代各個時期的中原戰亂中，巴蜀地區都成為全國世族、文人乃至皇室避難的後院。

　　這次移民浪潮，使全國各地上層階級的飲食文化充分地湧入巴蜀，促成了四川地區飲食文化的高度繁榮。

　　總的說來，這一時期的四川飲食文化也基本上完全被秦漢先進文化所同化，尚未形成自己的地區特色。

閱讀連結

中國早在兩千多年前就開始栽培魔芋，食用歷史也相當悠久。相傳很久以前，四川峨眉山的道士用魔芋塊莖澱粉生產的雪魔芋豆腐，色棕黃，其形酷似多孔海綿，味道鮮美，饒有風味，為峨眉山一珍品。

「酒醃蒟蒻鴨」實際上就是魔芋，用它和白酒一起醃製的鴨子有特殊香味。這道菜流行於漢唐，當時四川人流行用苦酒醃食，宋代羅願作的《爾雅翼》，是解釋《爾雅》草木鳥獸蟲魚各種物名的訓詁書。此書對魔芋的實用曾有記載。

唐宋時期川菜形成流派

■李白畫像

唐宋時期，川菜種類繁多，其菜名也是包羅種種，已成為中國一大菜系，膾炙人口。

這一時期的川菜以清淡和甜為特色，用鹽、蜜、果醬等漬食是當時主要飲食方式，再加上當時已盛產花椒，「甜」、「麻」因此成了當時的川菜特點。烹飪方法主要以蒸、煮為主，比較注重養生。

唐代詩仙、詩聖都和川菜有不解之緣。傳說詩仙李白幼年隨父遷居錦州隆昌，即現在的四川江油青蓮鄉，直至二十五歲才離川。

在四川近二十年生活中，他很愛吃當地名菜燜蒸鴨子。廚師宰鴨後，將鴨放入盛器內，加酒等各種調料，注入湯汁，用一大張浸濕的綿紙，封嚴盛器口，蒸爛後保持原汁原味，既香且嫩。

唐天寶初年，「詩仙」李白受到唐玄宗的寵愛，入京供奉翰林。他以年輕時食過的燜蒸鴨子為藍本，用百年陳釀花雕、枸杞子、三七等蒸肥鴨獻給唐玄宗。唐玄宗吃後，覺得此菜味道極佳，回味無窮，大加稱讚，詢問李白：「卿所獻之菜乃何物烹製？」

李白回答說：「臣慮陛下龍體有些勞累，特加補劑耳。」

唐玄宗非常高興地對他說：「這道菜世上少有，可稱『太白鴨』。」

後來，李白雖然仍被唐玄宗疏遠，但李白獻菜的故事，卻成為烹飪史上的一段佳話。

唐代詩人杜甫長期居住四川草堂，在他《觀打魚歌》中唱出了關於「太白鴨」的讚美詩歌。

杜甫被譽為「詩聖」，他在年近五十歲的時候，遇上「安史之亂」。唐明皇逃往四川，杜甫為了躲避這場戰亂，也漂泊到西南方去。

杜甫到了成都，在成都古郊找了一處風景優美的地方，叫浣花溪畔，親手建了座草堂，住了下來。

在這裡，杜甫寫過不少詩。草堂茅屋有時還叫大風吹破。他這時生活十分清苦，由自己不幸的遭遇和貧困處境，還時常想到天下的窮人寒士，寄予不少同情。他每日用素菜草果度日，當地都叫他「菜肚老人」。

相傳，有一天杜甫邀幾個朋友在草堂上吟詩作賦，吟得高興，不覺到了中午。他發起愁來，眼看要吃午飯了，可是一無所有，拿什麼款待這些客人呢？這時，他忽然見家人從浣花溪裡釣上一條魚來，便喜出望外。心想，就請大家品嚐這條魚吧！

杜甫走到灶前，親手烹製起魚來。朋友們見他去做魚，個個都驚奇起來，有的帶著懷疑的眼光說：「這可是新鮮事，你會作詩，還會烹魚？」

杜甫笑笑說：「等著吧，我今天就要給你們烹烹看。」

杜甫把魚開膛洗好以後，加上佐料就放鍋裡蒸上。蒸熟以後，又把當地的甜麵醬炒熟，加入四州泡菜裡的辣椒、蔥、姜和湯汁，和好澱扮，作成汁，趁熱澆在魚身上，再撒上香菜就做成了。

大夥歡坐一堂，見杜甫把魚端了上來，伸筷一嘗，果然好吃。

眾朋友邊說邊吃，不一會兒工夫，一條魚吃得精光，可是這魚還沒有名字。有的說：「這魚就叫浣溪魚吧！」有的說：「叫老杜魚才合適。」

最後杜甫說：「陶淵明先生是我們敬佩的先賢，而這魚背覆有五顏六色的絲，很像柳葉，就叫五柳魚吧！」

大家十分贊成，覺得這個名字很有意思。「五柳魚」就這樣叫起來了，並成為一道四川名菜，一直流傳了一千多年。

唐代的四川還有一種珍貴食品甲乙膏。據唐代馮贄《雲仙雜記·甲乙膏》記載：

蜀人二月好以豉雜黃牛肉為甲乙膏，非尊親厚知不得而預，其家小兒三年一享。

到了宋代，川菜越來越有特色，並已經形成自己的流派，影響已達中原，越過巴蜀境界，進入東都，為世人所知。

無獨有偶，宋代也有兩位大文學家、詞人同川菜有千絲萬縷的情思，這就是北宋的蘇軾與南宋的陸游。蘇軾從小受川菜習慣的影響， 二十歲時隨父親和弟弟到京城應試。冬天的開封天寒地凍，上至宮廷，下至民間，都靠收藏的一些蔬菜度日。但蘇軾的詩歌中，寫以蔬菜入饌的特別多，如：

秋來霜露滿冬園，蘆菔生兒芥有孫。

我與何曾同一飽，不知何苦食雞豚，

這首詩其實是寫詩人對川菜的懷念，並且道出了蘇軾為當時著名的美食家。

宋代詩人陸游是一位業餘烹調愛好者，他雖是浙江人，但長期在四川為官，四十六歲時入蜀，五十四歲出川。其間九年是他政治生涯中的重要時期，所以自然對川菜興味濃厚。

　　此外，唐安的薏米，新津的韭黃，彭山的燒鱉，成都的蒸雞，新都的蔬菜，都給他留下了難忘的印象，離蜀多年後還念念不忘。

　　晚年陸游曾在《蔬食戲作》中詠出「還吳此味哪復有」的動情詩句，他還在《飯罷戲作》一詩中寫道：

　　東門買彘骨，醢醬點橙虀。

　　蒸雞最知名，美不數魚鱉。

　　「彘」即「豬」，「彘骨」是豬排。排骨用加有橙虀等香料拌和的酸醬烹製或蘸食美味至極。此外在詩中稱道了四川的韭黃、粽子、甲魚羹等食品。

　　陸游的《劍南詩稿》談到四川飲食的竟達五十多首，他的作品讓人們從另一個角度觀察到四川各地民間美食的絢麗。

　　宋代孟元老著《東京夢華錄》卷四《食店》記載了北宋汴梁「有川飯店，則有插肉麵、大燠面、大小抹肉、淘煎燠肉、雜煎事件、生熟燒飯」由此可見，在唐宋時期，川菜已單獨成為一個全國有影響力的菜系。

閱讀連結

　　相傳北宋時期，在四川鹽都自貢一帶，井鹽采鹵是用牛作為牽車動力，故有役牛淘汰，而當地用鹽又極為方便，於

是鹽工們將牛宰殺，取肉切片，放在鹽水中加花椒、辣椒煮食，其肉嫩味鮮，因此得以廣泛流傳，成為民間一道傳統名菜。

後來，自貢一帶的菜館廚師又對用料和製法進行改進，成為了流傳各地的名菜。此菜中的牛肉片，不是用油炒的，而是在辣味湯中燙熟的，故名「水煮牛肉」。

明清時期川菜的特色

■慈禧太后畫像

川菜在明代有了很大的發展逐漸走向成熟。明代川籍文學家、狀元楊慎在他的著作《升庵葉集·飲食部》中就有關於四川的茶、酒、食品、飲宴的資料考證七十餘條。到了清代川菜已經走向了高峰。

傳說在明代時，四川青城山有一位道長久病不癒，日漸消瘦。一天夜裡，道長走到青城山下一棵有五百多年歷史的銀杏樹下時，忽然颳起了大風。只見天上一位白髮老壽星對他說，這棵銀杏樹是他當年所栽，其銀杏和雞一起煮食可以治病。

　　正當這位道士想問明他是何人時，那位白髮壽星早已飄然而去。於是道長按照白髮壽星說的烹製方法，做了銀杏燒雞。吃完之後，他的病情果真有所好轉。

　　後來，道長又多次用該樹所結銀杏，和母雞煲湯，文火燉濃後食用。不久便恢復了健康，精神煥發。從此，「銀杏燒雞」便聞名蓉城和整個四川地區，成為一款特色名菜。

　　傳說清代名臣丁寶楨的家廚宋駝爺就是一位川菜高手。他是貴州人，因為背有點駝，而且人們只知姓宋，不知其名，所以人稱「駝爺」。

　　他跟隨四川總督丁寶楨多年，由於丁寶楨被封為太子少保，人稱「丁宮保」，所以宋駝爺被稱為「宮保廚師」。他做的菜具有「吃油不見油，吃紅不見紅」的特殊本領，異常的美味可口，丁寶楨幾乎到了「非駝菜難以下嚥」的地步。

　　那是光緒十年（西元一八八四年），慈禧太后五十大壽，聞知丁家廚師手藝高超，遂請宋駝爺進京，主烹滿漢全席中的漢席。宋駝爺來到宮廷大顯身手，做了六十多道菜，其中一道是用辣椒和油酥花生米烹炒雞丁，雞丁細嫩，花生米酥脆，慈禧太后吃得頻頻點首，竟連續舉了五次筷子。

　　據說慈禧太后平時用膳時，對那些可口的菜餚每一樣最多只動三筷。慈禧太后問丁寶楨這是什麼菜？丁寶楨說：「這叫雞丁。」

　　慈禧太后笑著說：「我只聽說過人丁，沒想到丁宮保還有雞丁，丁得好呀！」當即「賞紫禁城騎馬，予優敘」。從那之後這道名菜便被稱為「宮保雞丁」流傳至今，有人以「國菜」相稱。

　　傳說宋駝爺做的酸菜魚也是非同小可，丁寶楨最愛食用。丁寶楨從山東巡撫調任四川總督以後，有些下屬官員討好他，故意要求總督大人賞一頓酸菜魚來吃，他便說：「你們想吃酸菜魚，可以，想吃雞丁也行，但要有立功表現。」

　　丁寶楨說到做到，對於那些有功的下屬人員，他的獎品便是宋駝爺的酸菜魚一盆，立大功者賞吃宮保雞丁家宴一席，立了更大功勞的，准許派一個家廚向宋駝爺學習半個月的廚藝。

　　那些學藝之人為了多學一些本事，往往半個月滿了都還賴著不走，私下塞些銀子給宋駝爺師傅，要求多學一段時間。所以宋駝爺收了不少徒弟，四川後來的好些名廚，都是出自他的門下或是他的再傳弟子、三傳弟子，宋駝爺對川菜的發展推動很大。

　　清代乾隆年間有名的才子李調元，他的《豆腐四首》不僅記述了豆腐的發展歷史，還記述了四川生產、烹製、食用豆腐的詳細情況。

詩中所提到的豆腐皮、豆腐條、豆腐塊等是四川菜常用的烹飪原料，臭豆腐、五香豆腐乾、白水豆腐、清油豆腐是道地的四川風味菜餚，而豆花加飯、染漿葉煮豆腐更是四川人喜愛的飲食方法。

　　傳說清代末年，四川成都靠近郊區的萬福橋，有個叫陳春富的青年和他的妻子劉氏，在這裡開了一家專賣素菜的小飯鋪。

　　成都附近彭縣、新繁等地到成都的行人和挑擔小販，很多人都喜歡在萬福橋歇腳，吃頓飯，喝點茶。

　　劉氏見到客人總是笑臉相迎、熱情接待。劉氏燒的豆腐兩面金黃又酥又嫩，客人們很愛吃。有時遇上嘴饞的顧客要求吃點葷的，她就去對門小販處買回牛肉切成片，做成牛肉燒豆腐供客人食用。

　　劉氏聰明好學，能虛心聽取顧客們的意見，改進烹調方法，譬如下鍋之前先將豆腐切成小塊，用淡鹽水焯一下，使豆腐更加軟嫩。牛肉由切成塊狀變成細粒。劉氏做這道菜，除了注重調料的搭配，更注意掌握火候。烹製的牛肉燒豆腐，具有麻、辣、香、燙、嫩、酥等特點，很多人吃起來燙得出汗，全身舒暢，因此招來不少回頭客。

　　劉氏小時候出過天花，臉上留下幾顆麻點，來往的客人熟了，就取笑叫她麻嫂，她也從不見怪。後來年紀大一點，人們改口叫麻婆。她做牛肉燒豆腐出了名，於是就成了「麻婆豆腐」。

　　川菜的發展，據說於清代被朝廷派往四川的北方和江浙官員提倡吃川菜有關，形成了「一菜一格，百菜百味」的特色，以後才使川菜走向了新的高峰。

閱讀連結

　　清光緒年間，梁平縣有個姓劉的人流落到達州，以燒臘、滷肉為業。最初，他製作的五香牛肉片厚肉硬，吃時難嚼，且易塞牙，銷路不暢。後來，劉氏日思夜想，逐步加以改進，將牛肉切得又大又薄，先醃漬入味，再上火烘烤，賣時還淋上香油。這樣製作出的牛肉酥香可口，在市場上大受歡迎。

　　劉姓商人生意興隆，並因此而發家致富。其他人見有利可圖，紛紛仿製，燈影牛肉逐漸成為四川一大名產。

五滋六味 粵菜

　　粵菜，即廣東地方風味菜。粵菜廣義上來說由廣州菜即
「廣府菜」、潮州菜即「潮汕菜」，以及屬客家菜的東江菜
組成，以廣州菜作為代表。粵菜發源於嶺南，它取之自然，
烹之自由，食之自在，是中國漢族八大菜系之一，在國內外
享有盛譽。

　　粵菜以特有的菜式和韻味獨樹一幟。粵菜取百家之長，
用料廣博，選料珍奇，配料精巧，善於依食客喜好而模仿創
新。烹調上以炒、爆為主，兼有燴、煎、烤，講究清而不淡，
鮮而不俗，嫩而不生，油而不膩。

▍漢代前起於嶺南的粵菜

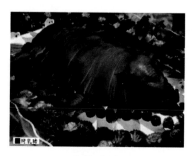

■烤乳豬

　　早在遠古，嶺南古越族就與中原楚地有著密切的交往。隨著歷史變遷和朝代更替，許多中原人為逃避戰亂而南渡，漢越兩族日漸融合。中原文化的南移，中原飲食製作的技藝、炊具、食具和百越農漁豐富物產結合，這就是粵式飲食的起源。

　　傳說上古的時候，嶺南有個獵豬能手，平時以獵取野豬為生。他的妻子為他生了個兒子，取名火。有一次，夫妻二人上山獵豬，留下兒子火在家飼養仔豬。

　　火偶然拾得幾塊火石，便在豬圈的茅棚附近敲打玩耍，忽然火花四濺，茅棚著了火。這時火被嚇壞了，他號啕大哭。

　　等火自行熄滅後，火在被燒的廢墟中聞到一股香味飄散而來，這時火不再哭泣，他擦乾淚水，鼓起勇氣，撥開雜物，循味探尋，想要看看到底是什麼東西這麼香。

火找來找去，驚奇地發現，這誘人的香味發自皮燒焦肉烤熟的仔豬。那誘人的色澤，饞人的香氣，早已令火垂涎三尺。

火情不自禁地用手去提那豬腿，卻被豬皮表面吱吱作響的熱油燙一下，他忙用嘴唇去舔那燙疼的指頭，卻驚奇地嘗到了香美的滋味。

這時，狩獵回來的父母親看見豬棚化為灰燼，正要喊來火問個究竟時，只見火向父親呈獻上一道美味菜，就是那只燒烤得焦紅油亮、異香撲鼻的仔豬。

父親不但沒有責備兒子，反而高興得跳了起來，他高興地大喊：「兒子發明吃豬肉的新方法了！就叫『燒乳豬』吧。」

後來，「燒乳豬」這道菜經代代相傳，烤法經過不斷的改進，而且烹技十分精細，成為粵菜名品。

南北朝時期，賈思勰已把烤乳豬作為一項重要的烹飪技術成果記載在《齊民要術》中了。他寫道：

色同琥珀，又類真金，入口則消，壯若凌雪，含漿膏潤，特異凡常也。

可見，一千多年前，中國的烹飪技藝已有這樣高深的造詣，實令世人讚嘆。

據考古發現，在廣州南越王墓中出土的陪葬品中，還配備了烤炙用的鐵釺、鐵鉤、長叉，懸爐的鐵鏈等，其中一個小烤爐兩側近足處鑄有兩只小豬，豬嘴朝天，中空，用來插放燒烤用具。

美食中華：八大菜系與文化內涵

五滋六味 粵菜

中原漢人南遷到嶺南之後，生活貧寒，為求生存不得已開始自己創業。有一天，有個姓盧的娘子正開荒種地，身邊的小孩餓得饑腸轆轆。

這時，有個仙女從天而降，安慰娘子，並拿出一包菜籽。盧娘子問：「您姓甚名誰？」

仙女說：「廣濟蒼生，何勞報答，姓梅是也。」

盧娘子按照梅仙女的意旨，回家和丈夫把菜籽種下，精心耕耘，過了些日子，菜種就發芽出葉，到了臘月時，菜長得又大又肥。等到豐收以後，她採來煮食，鮮甜嫩滑，分外可口。因為是姓梅的仙女送來的，所以從此就把這種菜叫梅菜。

客家人將五花肉加上配料進行製作，再將肉墊在梅菜乾上蒸熟，製作了一道色澤油潤、香氣濃郁的美味佳餚。後來這種菜餚逐漸名揚四海，被人們稱為「梅菜扣肉」。

據西漢淮南王劉安主持撰寫的《淮南子·精神篇》記載，粵菜選料精細、廣泛，可見當時的廣東人已經對用不同烹調方法烹製不同的異味遊刃有餘。

在廣州發掘的幾座漢墓中，食物有芋、薑、黃瓜、甜瓜、木瓜、桃、梅等蔬菜水果；畜禽有豬、牛、羊、雞、鴨、鵝；還有泥蚶、青蚶以及禾花雀等。在禾花雀的殘骨中，夾存著黃土和木炭，表明禾花雀是用黃土裹著置於炭中烘熟的，這種製法，周代叫「炮」。

由此可見，中原漢人接受了南越人雜食之風，又把中原的烹調法移入而形成了獨特的飲食習慣。

閱讀連結

「東江釀豆腐」源於古時中原人包餃子的習氣。當年中原漢人因戰亂南渡嶺南，逢年過節時沒有包餃子的麵粉，就想出了釀豆腐的吃法。

其製法是：先選用嫩滑的東江山水豆腐，將豆腐切成小塊。把豬肉、魚肉、蝦米剁成肉泥，加上配料，攪拌成肉餡。接著取每塊豆腐在中間挖一小洞，置入肉餡。最後用中火燒熱炒鑊，把釀豆腐煎至兩面金黃色取出，放入砂煲，再次加上湯、配料、用中火燜熟，下老抽調色，加蔥花、魚末等便成。

▊唐宋時期粵菜快速發展

■唐代食器彩色釉陶三足盤

那是在中國的大唐時期，外商大多聚集在羊城，商船結隊而至。當時廣州地區的經濟與內陸各地相比，發展較快，同時也帶動了飲食發展，這為粵式飲食特別是粵菜的成長提供了一個非常重要的條件和場所。到了南宋以後，粵菜的技藝和特點日趨成熟。

美食中華：八大菜系與文化內涵

五滋六味 粵菜

　　相傳唐代的時候，白雲山有座寺廟，寺廟後有一股清泉，那泉水甘甜，長流不息。寺廟有個小和尚，調皮又饞嘴，從小喜歡吃豬肉。出家後，他先打雜為和尚煮飯。

　　有一天，小和尚趁師父外出，偷偷到集市買了些最便宜的豬手，正準備下鍋煮食。突然師父回來了，小和尚慌忙將豬手扔到寺廟後的清泉坑裡。

　　過了幾天，總算盼到師父又外出了，他趕緊到山泉將那些豬手撈上來，卻發現一個奇怪的現象，這些豬手不但沒有腐臭，反而變得更白淨細嫩。

　　小和尚將豬手放進鍋裡，再添些糖和白醋一起煲。熟後拿來一嘗，口感不肥不膩，又爽又甜，美味可口。小和尚又驚又喜。此後，他不但自己開了葷，引得其他和尚也破了齋戒。後來，「白雲豬手」傳到民間，人們如法炮製。

　　唐代詩人韓愈被貶在潮州時，在詩中描述的潮州人食鱟、蛇、蒲魚、青蛙、章魚、江瑤柱等數十種。

　　粵菜在唐代已比較注意改進烹調，懂得運用配料和掌握火候。《嶺表錄異》稱：當時廣州人已能根據食料而採用煮、蒸、炸、炒、燴、炙、甑等烹調方法，並使用多種調料，如醬、醋、薑、韭、椒、桂等，廣州菜開始多樣化，形成獨特風味。

　　傳說南宋末年，當朝小皇帝趙昺由閩南逃至粵東。有一天，他的隊伍路過潮汕一座山中古寺，這小帝王又疲又乏，餓得發昏，遂停腳於廟中。

　　寺中老僧慌忙接駕。那時是兵荒馬亂之年，破山廟中僧人們的日子本來就夠苦的了。這時候的窮寺中又哪有好吃的

東西來應付不期而至的大軍，又哪來好東西可招待這位真命天子？

萬般無奈之下，這裡的和尚們只好就地取材，摘田地裡尚未長大的蕃薯的葉子，熬煮做成湯，硬著頭皮恭恭敬敬地進獻給宋帝趙昺。

不料一整天滴水未進的落難小皇帝竟然是狼吞虎嚥，吃光之後居然連聲叫好。並向近臣陸秀夫詢問這是什麼好東西，怎麼這樣香？

但陸宰相也不知道吃的是什麼飯，其他的臣下也都不懂。迫不得已，誠惶誠恐的古寺老僧只好據實呈告。

誰知這窮途皇帝不僅不以為忤，後而龍顏大悅，認為在這大宋江山危難之際，想不到這小小的蕃薯葉也能夠救駕有功，高興之餘，遂把它冊封為「護國菜」。

這「護國菜」，經過廚師們的改造，已不是當初的民間吃法。在菜館裡，它的取料、配料和烹製相當精緻。已成為一道粵菜名菜。

南宋《嶺外代答》記載：粵人「深廣及溪峒人，不問鳥獸蟲蛇，無不食之。其間異味，有好有醜。山有鱉名，竹有鼠名鼬，餞鶴之足，獵而煮之，鱘魚之唇，活而燎食之。蜂房之毒，麻蟲之穢，悉炒而食之。蝗蟲之微生，悉取而燎食之」。可見，廣東烹飪技術已有較高水準。

據史料記載，南宋時期，大批中原士族南下，中原的烹調技術更是隨之大量流入南方。南逃的皇室把中原飲食習俗一直帶到瓊海，使廣東菜系保留了許多中原古代食法。

南宋人驚嘆的嶺南「不問鳥獸蟲蛇，無不食之」的地方風格與正食的北味烹調技術相結合，就轉變為南方特有的菜餚。至此，粵菜作為一個菜系已初具雛形，「南烹」之名見於典籍。

閱讀連結

據說粵人食蛇，是從古越族的先民中遺傳下來的一種飲食習慣，儘管如此，廣州人吃蛇卻是從宋代開始普遍起來的，廣州人愛吃蛇，民間有「秋風起，三蛇肥」之諺，說明吃蛇與季節有關，以蛇為主料的菜餚或基本上以蛇為用料的筵席，為嶺南所獨有。

嶺南蛇餐多至百餘種。其代表菜式有菊花龍虎鳳，即龍為蛇、虎為貓、鳳為烏雞，有三蛇燉水魚、玉液彩龍雞、美極鮮蛇碌、壽蠍煲三蛇、椒鹽蛇碌等。

▌明清時期粵菜別具特色

■狀元極品粥

明清兩代，是粵菜真正的成熟和發展時期。這時的廣州已經成為一座商業化大城市，粵菜菜式真正成為了一個體系。鬧市通衢大道兩旁遍佈茶樓、酒店、餐館和小食店，各個食肆食品之豐，款式之多，世人稱絕，漸漸有「食在廣州」之說。

傳說在明孝宗弘治年間，在廣州西關有一條芽菜巷裡住著倫文敘一家。倫文敘從小聰明過人，但是因家境貧窮，他七歲起就得上街賣菜。倫文敘畢竟年小，有時貪玩，經常挑著大半擔青菜隨街走，半天也賣不出去。

有一天，倫文敘挑著菜來到叢桂路一間賣粥的食店，肚子餓得咕咕叫，但沒有一文錢，只好嚥口水，店主人張老三看到了，招呼他過去說，以後你挑著菜到我這裡，我幫你買一些菜，再送你一碗粥吃，算是我的一點心意。

倫文敘吃著粥，千恩萬謝。從此，倫文敘每天挑菜賣，天天來吃張老三的粥，有時吃豬肉丸粥，有時是豬肉粉腸粥，有時是豬肝粥，有時吃的粥，三樣東西都放進去。

光陰似箭，轉眼過了幾年，倫文敘的才學驚動了廣東巡撫，能夠讀書了，不用再賣菜，從此便與張老三斷了來往。

轉眼又過了十年，一天，張老三粥店前忽然人頭湧動，官府衙役鳴鑼開道：「新科狀元到！」張老三也好奇地探出頭來，只見轎中走下那新科狀元，一手拉著張老三說：「張老伯，十年不見，你可認得我嗎？」

張老三驚呆了，他怎麼會料到，眼前這個狀元就是以前的賣菜仔倫文敘呢！倫文敘走入張老三的粥店，四處看了看這間童年時常來的店鋪，張老三叫人殺雞辦酒席，好好招待

倫文敘。倫文敘卻說不必了，他想品嚐一下當年在這裡吃過的粥呢。

張老三有點為難，當年他煲的粥不過隨便下點豬下腳料，也沒有起名字，但是，既然倫文敘喜愛，他只好照原樣把豬肉丸、豬腸、豬肝三樣東西放粥裡。

倫文敘吃著粥，覺得有滋有味，再三感謝張老三當年對他的幫助，他對眾人說：「我今天之所以能夠中狀元，因為當年吃了許多『狀元及第粥』呢。」倫文敘大筆一揮，寫下了「狀元及第」幾個大字。

從此，張老三的粥店聲名大振，「狀元及第粥」流傳開來。後來，也有人叫「三元及第粥」，人們將及第粥的三種用料豬肉丸、豬腸、豬肝象徵為「狀元」、「榜眼」、「探花」。

由於歷史上的原因，潮汕人重視年節、祭拜祖宗，這些民俗民風，發展至明代中期，已經成為一種固定的社會習俗，諸如春節、元宵，拜老爺、游神賽會等等。此外，還有民間一些喜慶日子，諸如婚娶、喜生貴子，這些民俗活動和民間喜慶日子又和烹製菜餚分不開。

據歷史記載，明代嘉靖萬曆年間粵菜是一個發展的階段，例如當時就和廣東的潮汕民俗、民風、社會的發展有直接的關係。

在社會風氣方面，潮汕人也重交際、重鄉情、好客，客人朋友來了，往往要烹製菜餚，設宴款待。明代中期，潮州民間烹製菜餚的技藝，已達到相當的水準。

這些民間菜餚，逐漸向上層社會、達官貴人所享用的官家菜餚靠攏，互相融合，取長補短，終於產生一批得到人們認可的具有一定代表性的粵菜。

到了清代，廣州的飲食文化進入了高峰。南北兼容，中西並蓄，極富特色的美食、小吃，大批湧現出來。

相傳清代同治年間，有個名叫江孔殷的人，生於廣東紹關，在京為官。曾品嚐過各種名菜佳餚，他對烹飪頗有研究。

當江孔殷七十誕辰將要來臨之際，親朋好友紛紛請他在大壽這天拿出一道誰都沒吃過的新菜，他因此反覆思索。

有一天他正閉目養神，忽然聽到老貓在不停地叫喚，他睜開眼看見老貓正朝籠裡的一條蛇張牙舞爪，籠中的蛇也昂首吐信，似乎要向貓撲去。江孔殷靈機一動，便想出了用蛇和貓製成的菜餚，蛇為龍，貓為虎，因二者相遇必鬥，故名曰「龍虎鬥」。

等到他過生日那天，江孔殷就把「龍虎鬥」這道新菜奉獻給諸親友。親友們品嚐後，都覺得不錯，但感到貓肉鮮味還不足，建議再加雞共煮，其味更佳。

江孔殷根據大家建議在此菜中又加了雞，這樣就一舉成名。後來此菜雖然改稱為「龍虎鳳燴」，但人們仍習慣稱它為「龍虎鬥」。這道菜還有別名叫做「豹貍燴三蛇」、「龍虎鳳大燴」，是聞名中外的廣東傳統名菜。

清代，有一個讀書人，早年苦讀寒窗覓得一官半職，卻終因受不得官場的黑暗，棄官務農。

　　這年中秋，讀書人和妻子商量了一下，決定殺只母雞，一來祈天保佑早生貴子，二來打打牙祭。妻子剛將母雞剝洗乾淨端進廚房，忽然窗外有人呼號哭喊。原來是小孩貪玩燈籠釀成火災。讀書人抄起一個水桶就衝了出去，他的妻子也跟著去救火。在村民的共同努力下，火勢很快得到了控制，並最終被撲滅。

　　讀書人回家時灶火已熄，鍋中水微溫。原來妻子走得匆忙，只在灶中添柴，忘放佐料和蓋上鍋蓋，而鍋中雞竟被熱水燙熟了。於是盛出來吃，發覺味道非常鮮美，以後，「白斬雞」成了廣東的一道名菜。廣東人稱「無雞不成宴」，主要也是指白斬雞。

　　明清時期，粵菜繼續吸取中外菜餚文化之精華，使嶺南飲食文化進入第一個黃金時代。

閱讀連結

　　明代時廣州西關是達官顯貴集居的地方。當地有個稱「娥姐」的人，是某官僚雇的一個女傭，模樣漂亮，聰明伶俐。有一天，主人請客，讓她做幾樣細點。她把曬乾的稻米飯磨成粉，用開水和麵做皮，以炒熟的豬肉、蝦、冬菇、竹筍末做餡，包好上籠蒸熟，稱為粉果。客人嘗後，無不稱奇。

　　後來，「茶香室」的茶館老闆用重金聘用娥姐為其製作粉果，起名為「娥姐粉果」。茶室生意越來越好，娥姐粉果也越來越出名了。各個酒樓茶室紛紛仿製，娥姐粉果越傳越廣。

鮮香微辣 閩菜

　　閩菜是以福州菜為基礎，後又融合閩東、閩南、閩西、閩北、莆仙地方風味菜為主形成的菜系。福建人民經過與海外、特別是南洋群島人民的長期交往，海外的飲食習俗也逐漸滲透到閩人的飲食生活之中，從而使閩菜成為帶有開放特色的一種獨特的菜系。是中國八大菜系之一。

　　閩菜以烹製山珍海味而著稱，在色、香、味、形俱佳的基礎上，尤以「香」、「味」見長，其清鮮、和醇、葷香、不膩的風格特色，以及湯路廣泛的特點，在烹壇中獨具一席之地。

▎唐代以前閩菜的發展

■閩菜醬鴨

　　早在兩晉、南北朝時期的「永嘉之亂」以後，大批中原衣冠士族入閩，帶來了中原先進的科技文化，與閩地古越文化的混合和交流，促進了當地的發展，飲食文化也隨之發展起來。

　　傳說很久以前，有兩家人因逃避兵亂，輾轉來到廈門海濱搭寮定居。這兩家一家姓「吉」，一家姓「利」；一家有個男孩，一家有個女孩。

　　這兩家的男孩女孩，頻繁往來，兩個人建立了深厚的感情。等到了成年之後，他們兩人便山盟海誓結成夫妻。婚宴前，新郎新娘懷念兩個人熱戀時，曾在海灘各捕到一隻活蹦亂跳的對蝦，當時就以此為喻，祈求成雙結對，永不分離。

為了紀念使他們成為夫妻的對蝦，他們特要求掌廚師傅做一道以對蝦為主料的菜餚。當時的一位廚子便按照他們倆的要求，借兩家姓氏搭配，烹製了意趣雙關的「吉利蝦」。

　　眾人吃了之後，無不交口稱讚。從此這道菜便流傳開來，經過廚師的不斷改進，成為了福建的一道名菜。

　　根據閩侯縣甘蔗鎮恆心村的曇石山新石器時期遺址中保存的福建先民使用過的炊具陶鼎和連通灶證明，福州地區在五千年之前就已從烤食進入煮食時代了。

　　傳說在漢代，閩江之畔有一個漁民。一天，有一位商人搭他的船南行經商，船出閩江口以後，便進了大海。在海上，船舶突然遭受颱風襲擊，在進入港灣避風時，又不幸觸礁損壞。

　　這時需要修船，那時修船都是使用很簡單的工具，船修起來很慢，拖宕了時間。這時船上的糧食又吃光了，大家只好天天以魚當飯。

　　那位船上的商人面對天天吃的魚嘆道：「天天有魚，食之生厭。能不能換換別的口味？」

　　這時漁民說：「船上糧已斷，唯有薯粉一包。」

　　商人看著漁民手裡的薯粉搖搖頭說：「薯粉怎麼吃啊？」

　　漁民突然看到船上有人剛釣到的一條大鰻魚，靈機一動，便把那條大鰻魚去皮除刺，把魚肉剁細，抹上薯粉，製成丸子。煮熟後讓商人一嘗，商人頓覺別有風味。

事後，這位商人回到了福州，便在城裡開設一家「七星小食店」，特聘這位漁民為廚師。

開始的時候，生意並不興隆。有一天，一位詩人路過此店吃飯。店主熱情款待，捧出魚丸。詩人看到這色澤潔白，嘗過之後更覺有彈性而不膩，餡香而鬆，口味清甜爽滑，味道極美，便題贈一詩：

點點星斗布空稀，玉露甘香遊客迷。

南疆雖有千秋飲，難得七星沁詩脾。

店主將詩文裝裱，掛在店堂，賓客齊來觀賞。從此生意興隆，小店日日春風。「七星魚丸」也因此得名。

在唐代以前中原地區，已開始使用紅曲作為烹飪的作料。唐朝徐堅的《初學記》云：「瓜州紅曲，參糅相半，軟滑膏潤，入口流散。」這種紅曲由中原移民帶入福建後，紅色也就成為閩菜烹飪美學中的主要色調。

具有特殊香味的紅色酒糟，成了當時烹飪時常用的作料，創製出了紅糟魚、紅糟雞、紅糟肉等閩菜菜餚。

閱讀連結

傳說，春秋時期，越王勾踐借助美女西施之力，行使美人計滅了吳國。大局既定，越王正想接西施回國，越王的王后怕西施回國會受寵，威脅到自己的地位，便叫人綁一巨石於西施背上，沉她於江底。西施去世後化為貝殼類「沙蛤」，期待有人找到她，她便吐出丁香小舌，盡訴冤情。

這種非蜆非蚌的貝殼類，呈厚實的三角扇形，小小巧巧的，外殼淡黃褐色，頂端有點紫，打開外殼，就有一小截白肉吐出來。因那貝殼被打開時，吐出的白肉像是一條小舌頭，不免令人聯想多多，故名「西施舌」。

唐宋時期的閩菜特色

■ 王審知（西元八六二年～九二五年），字信通，又字詳卿，河南固始人，五代十國時期閩國建立者。王審知初與兄王潮跟隨王緒，後來諸將便擁戴他為首領。西元八九七年王潮去世，王審知繼其位，朝廷任他為武威軍節度使、福建觀察使，累遷至檢校太保、同中書門下平章事，封琅琊王。西元九零七年，後梁太祖朱溫升任王審知為中書令，封閩王。

唐宋時期，泉州成為海上絲綢之路的起點，飲食業也借此高歌猛進。從盛唐到大明，漳州是中國海派文化的中心，蕃薯、番茄、番麥等外洋物產紛紛從福建流入中國。晚唐五代，河南固始的王審知兄弟帶兵入閩建立「閩國」，對福建飲食文化的進一步開發、繁榮，產生了積極的促進作用。

鮮香微辣 閩菜

　　相傳在唐代，在莆田西南鳳凰山麓，雲遮霧繞著一個石室岩，岩洞中住著一個妙應禪師。他很想在這個美麗幽靜的石室岩蓋一座寺廟。要蓋廟就需要很多的磚瓦杉木。但去哪裡要這麼多的磚瓦杉木呢？

　　一天晚上，有仙人向禪師指點迷津，使禪師緊皺的眉頭一下便舒展開了。第二天，妙應禪師對遊人香客說：天上仙公要雲遊到石室岩，那時岩洞中將有靈光出現，那就是仙公顯靈了，誰要是看上一眼，就會福壽齊天。但只有那些勤勞的人們才能看得見的，所以，誰要看靈光，就需隨手帶一磚一瓦到岩洞來。

　　一天晚上，妙應禪師坐在岩洞中做功法，只見他全身上下閃現著道道白光，從洞中射了出來。許多遊人香客見了都驚詫萬分，都說這是天上仙公降臨了。這消息傳開後，成千上萬的人都爭先恐後地湧向石室岩。他們有的帶來的磚瓦石灰，有的扛來杉木石條，結果，沒有幾天，杉木石料堆積成山。

　　禪師趕緊請建築工師傅，籌劃開工建廟。沒幾個月，一座高大的寺廟很快就蓋起來了。

　　禪師看著即將竣工的寺廟，心裡非常高興，但又感到過意不去。應該用什麼來答謝遊人香客呢？他又想出一個主意來。

　　寺廟將要落成了，到寺廟來祝賀的遊人香客比肩接踵。為了答謝大家，禪師親自下夥房執勺，把事先磨好的米漿，調好了味道，用瓢灑在鐵鍋裡，以茶油煎成薄片。然後，把

炒熟的花生仁搗碎，拌著蔥花，撒向煎粿上。只見出鍋的米薄如蟬翼，點點的花生微粒襯著碧綠的蔥花，緊緊地黏在米粿上面，味道香噴噴的。

禪師煎了七天七夜，用他親自煎成的米粿慰勞遊人香客們，大家嘗後都無不叫絕，並且還給它取名為「煎粿」。從此，成為莆仙的一種風味小吃，傳到民間，流傳海內外。

傳說唐代的時候，福建長汀有一個地方官，他聽說唐明皇喜好清明鬥雞，立雞坊於兩宮。這位官員便想送一隻鬥雞給皇上。於是他來到福建省長汀縣河田鎮，尋找鬥雞。

河田雞特徵鮮明，公雞中的三黃雞嘴黃、腳黃、全身毛色金黃；三黑雞的兩翅尖各有三至五片半黑扁毛，尾端有七至九片黑綠色毛彎翹在後，三叉紅雞，雞冠頂端呈三叉形、鮮紅明亮，母雞則體圓腳較短，全身毛色淡黃，頸部毛帶有碎米般黑色斑點，翅尖和尾端毛稍大而短，雞冠鮮紅。

這位官員看到這麼美麗的鬥雞，便各選了一隻進貢給唐明皇。

唐明皇得到河田鬥雞後，非常高興，把鬥雞拿出去和其他的雞鬥，在經過一番激烈的打鬥後，河田鬥雞獲得了勝利，皇上大喜，於是給這位縣官獎賞。

後來，這位縣官又把河田雞做成美味進貢給唐明皇。皇上吃後感到聞之肉香撲鼻，食之鮮香脆爽，滑嫩不膩。於是又獎賞了這位縣官。並將這道菜取名「烹河田雞」，此後，這道菜流傳了下來。成為汀州自古以來名優特佳餚，被列為閩西客家菜譜之首。

鮮香微辣 閩菜

唐代大詩人李白曾有一首詩寫河田雞：

路逢鬥雞者，

冠蓋何輝赫。

鼻息干紅霓，

行人皆怵惕。

到了宋代，閩菜形成文化特色。南宋年間，朱熹與蔡元定等學者結合民間飲食特色，按《易經》原理創製了清雅淡泊、奇巧瑰麗的「八卦宴」。

八卦宴最大的特色是各種菜餚的排列，排列方法是：先在八仙桌上畫上八卦圖，正中為太極、其八方分別為乾、坤、震、巽、艮、坎、離、兌八種卦覆，各陳列上一道有關卦理意義、富有武夷山風味的佳餚，整個宴席猶如一幅八卦圖，可謂匠心獨具。

在菜餚名上，八卦宴更是寓意悠遠。太極之首為翡翠羹；易生兩儀，分別置上玄天混丸和太乙陰陽蛋；兩儀生四象，分別為百發圓子、蓮塘君子、桂花蝦仁、油燜雙冬。這四道菜還暗寓了春夏秋冬四季之象。按八卦方位，每方位上的菜餚又分別為素炒鱔魚絲、香油鳳腿、酒釀冬菇、宮保雞丁、竹筍肉絲、熘雞肝卷、白炒木耳、八寶吉祥。

朱熹自創製八卦宴八百多年來，一直流傳於武夷山民間，經整理後為中國飲食文化又增添了一朵奇葩。

宋代，據福建泉州人林洪撰寫的《山家清供》記載，當時福建泉州已成為海上絲綢之路的起點，桅杆林立，篷帆接天，飲食業借此迅速發展起來了。

閱讀連結

「江東鱸魚」產於福建龍溪地區九龍江下游江東橋水域。據傳，是宋代漳浦縣人高東溪任松江道時移植的。高東溪平素孝順其母，深知老母喜食鱸魚，一次乘船返裡省親，特帶松江鱸魚數條，養於船艙。抵家時，母見鱸魚跳躍可愛，不忍食之，轉念此魚來之不易，食之不可復得，遂囑其子放生江中，讓子孫後代能嘗到松江鱸魚美味。子順母意，即放之，始有今日江東鱸魚。

江東鱸魚以薑絲為主要配料燉制而成，魚肉柔嫩而薑香馥郁，食之特別鮮美，饒有風味。

▌明清時期閩菜形成特色

■戚繼光畫像

　　明清時期，福州、廈門、泉州先後對外通商，四方商家雲集於此，文化交流日益頻繁，海外的技藝也相隨傳入。閩菜在繼承傳統技藝的基礎上，博采各路菜餚之精華，對粗糙、滑膩的習俗，加以調整變易，逐漸朝著精細、清淡、典雅的品格演變，以至發展成為格調甚高的閩菜體系。

　　傳說明代嘉靖年間，戚繼光率領士兵追剿倭寇，但行軍過程中，架鍋燒飯拖延不少時間，戚繼光又想不出其他的好法子。

　　有一次，行軍至慈溪龍山東門外，一老農為戚家軍獻上許多中間小孔、外置芝麻的鹹餅以作慰勞，並對戚繼光說：「這餅光光的，用繩子穿上帶在身邊，餓時即可充饑」。消

息傳開後，沿海各地的百姓爭相為軍隊做光餅。光餅名稱從此流傳開來。

由於助戚家軍平倭有功，據說明嘉靖帝賜名曰「繼光餅」。也因為該餅略帶鹹味，又稱鹹光餅。在以後的相對安定時光裡，福建的飲食文化開始多樣起來。據明代萬曆年間的統計資料，當時當地的海、水產品計兩百七十多種，而現代專家的統計則有七百五十餘種。

據記載，明代萬曆年間，福建人從菲律賓傳入的一些飲食文化，而在閩南一帶流行的肉骨茶、沙茶、咖哩、芥末，也是從馬來西亞、新加坡、印度、日本等國家引進的。

福建人頗具創新意識，他們將這些調味料與本地原料相結合，便產生了獨一無二的美食。當年漫步在廈門街頭，要一碗沙茶面，看師傅把沙茶湯汁澆在油麵上，然後在炸豆腐、米血、大腸頭、腰花、鴨腸、鹵豆腐、醋肉等配料中，隨意挑選自己要的「好料」，鮮香微辣，風味十足。

到了清代，閩菜發展到一個高峰。傳說，清代道光年間，布政司周蓮應邀赴當地最大的錢莊老闆的家宴。錢莊老闆娘素有一手絕妙的烹調技藝。

這一天，老闆娘便大顯身手，亮出做法古人用酒罈煨菜的拿手菜。這道菜上席後打開壇蓋，立即香氣四溢，令人垂涎吞液，直吃得壇底朝天，周蓮仍不忍放下筷子。

周蓮回家之後，對他府上的一位姓鄭的廚師繪形繪色地描述了這道菜的形態和滋味。心有靈犀的鄭廚師，根據周蓮所講的用料、烹製方法和成品菜餚的色香味形諸般特點，反

覆試制，反覆調整，終於覺得達到了理想的境界，便為周蓮獻上這道精心烹製的佳餚。

周蓮不吃則已，一吃拍桌叫絕，誇獎鄭廚師心靈手巧，不負栽培。鄭廚師並不滿足依樣畫葫蘆，以後又不斷思索，主料不拘一格，輔料增添適當的山珍海味，加工方法因料制宜，經多道工序，最後用紹興酒細細煨制，效果大大超過錢莊老闆娘所做的酒罈煨菜。

後來周蓮家道中落，鄭廚師也離開布政司。為了生活，自己在福州開了一家餐館，鄭廚師自己將多年研製的壇煨菜餚作為招牌菜拿出經營，不久便聲名大振。

有一天，有幾位秀才慕名而來，專程品嚐那道名菜。當店小二捧出一個陳酒罈子，請客啟蓋享用時，秀才不但不理睬，反而對那陳舊罈子嘲笑一番。

殷勤的店小二上去打開壇蓋，那悶足了的香氣撲鼻而來，輕狂的秀才們頓時放下了架子，伸著腦袋，流著口水，連稱奇哉美哉。其中一位脫口說道：「即使佛祖聞菜之香，亦必跳牆破戒偷嘗。」

另一位動問菜名，店小二答道是「罈子煨菜」，秀才連連擺手搖頭，太直太俗，不雅不妥，於是即興唱道：「壇啟菜香飄四鄰，佛聞棄禪跳牆來。」

眾人齊聲稱妙，以後這道菜便以「佛跳牆」命名，很耐人尋味。從此，「罈子煨菜」便得「佛跳牆」的雅稱，成為了閩菜中的一道名菜。

福建位於中國東南隅，依山傍海，終年氣候溫和，雨量充沛，四季如春。山珍海味富饒，為閩菜系提供了得天獨厚的烹飪資源。

　　相傳清代末年，有一位福建的女子，不會做菜，出嫁前她為即將到來的試廚而發愁。她的母親為女兒想盡了辦法，最後把家藏之山珍海味都翻找出來，一一配製後用荷葉裝成小包，反覆叮囑女兒各種原料的烹製方法。

　　誰知這位新娘到了試廚前一天，慌亂中忘記各種烹調方法。

　　第二天一大早試廚開始了，這位新娘非常的靈巧，她看到一塊豬肉放在案上，想起自己最想吃的荔枝，然後把豬肉肥肉去掉，將豬瘦肉切成荔枝大小，表皮用刀刻出功殼狀，經油炸之後，形似荔枝。再把荔枝肉混入備好的多味鹵料中煮至入味。

　　裝盤時把鮮荔枝作為裝飾圍邊，送上餐桌。這時，她的公公婆婆和眾鄉親，看到後讓人分不清是荔枝還是荔枝肉。那時正是在夏令時節，熟透的荔枝皮色鮮豔，味道芬芳，經過新娘的巧制的荔枝肉，一素一葷，渾然天成。

　　從此，人們都效仿她做這道菜，後來經過廚師們的不斷改造流傳下來。閩菜中的「荔枝肉」是一款歷史悠久的傳統焦熘小炒，其口味為酸甜口味，成為了閩菜中的一道名菜。

　　閩菜在清代發展越來越精細，以選料精細，刀工嚴謹，講究火候、調湯、佐料，和以味取勝而著稱。

清代編纂的《福建通志》中有「茶筍山木之饒遍天下」，「魚鹽蜃蛤匹富青齊」的記載。

據記載，其烹飪技藝，有鮮明的特徵，例如採用細緻入微的片、切、剞等刀法，使不同質地的原料，達到入味透徹的效果。故閩菜的刀工有「剞花如荔，切絲如發，片薄如紙」的美譽。

閱讀連結

傳說清代，閩北山區的浦城縣有位告老還鄉的御史大人，家中富有，閒來無事，便想著吃喝玩樂。一天，他讓廚師給他做些沒吃過的好東西，廚師思索半天，想出了一種方法。他將豬瘦肉捶打成肉泥，再摻入適量的澱粉，擀成薄片，切為小方片，包上調好的肉餡，煮熟後又配以高湯。御史一吃，鮮香嫩爽，連聲叫好。忙問廚師是何吃食，廚師還沒給它起名呢，見其形扁如燕，便隨口答曰「扁肉燕」。

開始的時候，扁肉燕由御史家傳入當地的大戶人家，以後逐漸傳到福州，並成了福州的名小吃。

清鮮脆嫩 浙菜

　　浙菜就是浙江菜，是中國漢族八大菜系之一。浙江位於中國東海之濱，北部水道成網，素有江南魚米之鄉的美稱。其地西南丘陵起伏，盛產山珍野味，東部沿海漁場密布，水產資源豐富，特色獨具，故佳餚自美，有口皆碑。

　　浙菜選料講究品種和季節時令，以充分體現原料質地的柔嫩與爽脆。以烹調技法豐富多彩聞名於國內外，其中以炒、炸、燴、熘、蒸、燒六類為擅長。口味注重清鮮脆嫩，保持原料的本色和真味。菜品形態講究，精巧細膩，清秀雅麗。

▌起於新石器時期的浙菜

■河姆渡陶釜支座

浙菜起源於新石器時期的河姆渡文化，經越國先民的開拓積累，逐漸形成了自己的特色。歷史典籍和考古發現都證明，浙江烹飪技術具有悠久的歷史。《黃帝內經·素問·導法方宜論》中說：

東方之城，天地所始生也，漁鹽之地，海濱傍水，其民食鹽嗜鹹，皆安其處，美其食。

另外，中國的考古學家在西元一九七三年從浙江餘姚河姆渡發掘一處新石器時期早期的文化遺址，出土的文物中有大量的秈稻、穀殼和很多菱角、葫蘆、酸棗的核和豬、鹿、虎、麋、犀、雁、鴉、鷹、魚、龜、鱷等四十餘種動物的殘骸。

同時，還發掘出了陶制的古灶和一批釜、罐、盆、盤、鉢等生活用陶器。據科學家考證，這些文物距今有七千年左右的歷史，是長江下游，東南沿海已發現的新石器時期最早的地層之一。

相傳在越王宮內，原先養有一批花雞，專供帝王后妃觀賞玩樂，吳國滅越國後，這些花雞外流民間，經過當地百姓精心飼養，純種繁殖，速成為優良的食用雞種。當地的老百姓用它清燉而食，其肉質細嫩，雞骨鬆脆，湯清味美。

後來，越王勾踐為了復國，加緊軍備，在紹興的稽山，過去辦起了大型的養雞場，當時人們稱紹興的稽山為「雞山」，這種優良的雞主要是為前線準備作戰糧草用雞。

越王勾踐經過「十年生聚，十年教訓」，使錢塘江流域的農業、商業、手工業生產得到了迅速的發展，奠定了堅實的物質基礎。最後擇機發兵，一雪亡國之恥。

在消滅吳國的戰爭中，越王勾踐在軍中主要是喝用越雞熬的湯來補充營養。後來這道「清湯越雞」菜便流傳了下來。

在當時，吳王夫差與越國交戰，帶兵攻陷越地鄞邑時，御廚除了用牛肉、羊肉、麋肉、豬肉外，還巧取當地鰻鯗，在鼎中做菜，慰勞將士。

吳王夫差食後，覺得此魚味道特別鮮美，與往日宮中常吃的鯉魚、鯽魚不一樣。回宮後，雖餐餐仍有魚肴，但他總覺得不如鄞邑的可口。

後來特從鄞邑找來一個老漁民，專門為他烹製魚宴。老漁民將帶來的魚鯗加調味蒸熟獻上，吳王夫差食後大悅，讚不絕口，從此鰻鯗身價倍增，這道菜也在民間流傳開來。

據西漢史學家司馬遷《史記·貨殖列傳》記載：

楚越之地，地廣人稀，飯稻羹魚。

所謂「飯稻羹魚」，意思是以稻米為主食，以魚蝦為副食。

這個記載說明，早在數千年前的「楚越之地」，也就是現在的湖南、湖北、江浙等廣大江南地區，人們的飲食習俗和「魚米之鄉」的生活方式。

閱讀連結

那是在很久很久以前，杭州城裡有一大一小兩家飲食店。大飯店老闆欲獨霸生意，常常尋事生非，欺負小飯店的老闆。一天，大飯店老闆唆使一些無賴到小飯店去專點吃豆腐皮，揚言若不能滿足要求，就砸掉小飯店的招牌。

此事激怒了一位經常在這裡喝酒的江湖好漢，只見他急出店去，跨馬揮鞭而去。過了一會兒，返回小飯店，手中托著一包從泗鄉買來的豆腐皮。小店老闆感激萬分，立即動手烹製豆腐皮，並用了上好的豬里脊肉。為了紀念這位好漢的功德，小店老闆把豆腐皮捲成了馬鈴兒的形狀。「乾炸響鈴」名肴就這樣問世了。

唐宋時期浙菜成熟定型

■ 王昌齡（西元六九八年～七五六年），盛唐著名邊塞詩人。其詩以七絕見長，後人譽為「七絕聖手」。尤以登第之前赴西北邊塞所作邊塞詩最著，有「詩家夫子王江寧」之譽。作品風格語言精煉、意味渾厚。代表作品有《出塞》、《從軍行》、《芙蓉樓送辛漸》、《長信宮詞》等。

隋唐開通京杭大運河，寧波、溫州二地海運副業的拓展，對外經濟貿易交往頻繁，尤其是五代吳越錢鏐建都杭州，經濟文化益顯發達，人口劇增，商業繁榮，曾有「駢牆二十里，開肆三萬室」之稱。

經濟的發展，貿易的往來，無不為烹飪事業的發展和崛起產生巨大的推動力，使當時的宮廷菜餚和民間飲食等烹飪技藝得到了長足的發展。

傳說有一次，唐代大詩人王昌齡乘船路過浙江馬當山。船家說，馬當山上有座神廟，行人走過這裡都要祭祀。於是王昌齡便準備了酒肉及草履祭祀，並於祭祀後將祭品投到江中。當他乘船過馬當山後，忽然想起，自己上船前買的那把金鑄刀是放在草履中的，這時感到很懊悔。

美食中華：八大菜系與文化內涵
清鮮脆嫩 浙菜

　　正在這時，一條三尺多長的大魚一下子躍到船上，詩人王昌齡見後大喜，因為他最喜吃鮮魚，便讓人捉住魚烹製。當船家把這條魚打開魚腹時，發現祭品和那金鑄刀卻在魚腹之中，眾人無不稱奇。

　　船家把魚做好之後，王昌齡吃後感到非常鮮美，便高興地說：「這道菜就叫懷胎鮮魚吧。」

　　後來，這位船家在浙江杭州城外開了一家餐館，專做這道菜，以後又經過廚師們的改造，不過魚腹中放的不是金鑄刀，而是蝦仁、火腿、香菇等美味，成為了浙菜的一道名菜。

　　據歷史記載，杭州自唐代已成為「東南名郡」，唐代經濟繁榮，名人雲集，使南北烹飪技藝進行了大交流。在此基礎上，杭州菜揚江南魚米之鄉物產豐富之優勢，吸收北方的烹飪技藝，融合西湖勝蹟風貌，「南料北烹」，「口味交融」，逐步形成了菜餚製作精細，清鮮爽脆，淡雅細膩的獨特風格。

　　到了宋代，浙菜就得到繁榮發展。傳說蘇東坡觸犯皇帝被貶到黃州時，常常親自燒菜與友人品嚐，蘇東坡的烹調，以紅燒肉最為拿手。他曾作詩介紹他的烹調經驗是：

　　慢著火，少著水，火候足時它自美。

　　不過，燒製出被人們用他的名字命名的「東坡肉」相傳那還是蘇東坡第二次回杭州做地方官時發生的一件趣事。

　　在當時，西湖已被葑草湮沒了大半。蘇東坡上任之後，發動數萬民工除葑田，疏湖港，把挖起來的泥堆築了長堤，並建橋以暢通湖水，使西湖秀容重現，又可蓄水灌田。

這條堆築的長堤，改善了環境，既為群眾帶來水利之益，又增添了西湖景色。後來形成了被列為西湖十景之首的「蘇堤春曉」。

老百姓讚頌蘇東坡為地方辦了這件好事，聽說他喜歡吃紅燒肉，到了春節，都不約而同地給他送豬肉，來表示自己的心意。

蘇東坡收到那麼多的豬肉，覺得應該同數萬疏濬西湖的民工共享才對，就叫家人把肉切成方塊塊，用他四川老家的烹調方法燒製，連酒一起，按照民工花名冊分送到每家每戶。

蘇東坡的家人在燒製時，把「連酒一起送」領會成「連酒一起燒」，結果燒製出來的紅燒肉，更加香酥味美。大家吃了之後，盛讚蘇東坡送來的肉燒法別緻，可口好吃。

經過眾口讚揚，趣聞傳開了，當時向蘇東坡求師就教的人中，除了來學書法的、學寫文章的外，也有人來學燒「東坡肉」的。後來這道菜經過不斷改進，遂流傳至今。

北宋汴京有一位民間女廚師，她以擅長製作魚羹而聞名汴京，因為嫁給宋家排行老五的男人，而被大家稱為宋五嫂。

宋室南遷時，朝廷定都臨安，就是現在的杭州，宋五嫂一家也跟著南遷，並在西湖蘇堤下繼續賣魚羹，以維持生計。

有一天，宋高宗趙構乘船游西湖，船停在蘇堤旁邊，宋高宗身旁服侍的老太監聽見有人以汴京口音叫賣，多瞧了幾眼，馬上認出了這人竟是當年在故鄉賣魚羹的宋五嫂。

清鮮脆嫩 浙菜

　　宋高宗一聽，油然升起他鄉遇故知的情懷，於是召宋五嫂上船晉見，並且命她做魚羹。宋嫂做好之後，親自端上魚羹獻給宋高宗。

　　宋高宗一面享用魚羹、一面與宋五嫂聊起家鄉事。這使宋高宗想起很多前塵舊事，讓這碗美味的魚羹更添了一份家鄉情，於是對魚羹讚譽有加，想到這裡，就命人賞賜給宋五嫂「金錢十文，銀錢一百文，絹十匹，仍令後苑供應泛索。」

　　從此，宋五嫂做的魚羹就被稱作「宋嫂魚羹」，特別是宋高宗賞賜文銀百兩給宋五嫂，這事一傳開，「宋嫂魚羹」就此揚名全杭州城。

　　根據宋人吳自牧的《夢粱錄卷十三鋪席》記載，當年「杭城市肆各家有名者」，其中就有「錢塘門外宋五嫂魚羹」，可見宋嫂魚羹在南宋時期就已經成為杭州的一道名菜了。

　　南宋時期，浙菜在「南食」中佔主要地位。由此可見，南宋定都杭州，對進一步推動以杭州為中心的南方菜餚的創新與發展造成了很大作用。在此次大遷移中，北方的達官貴人和勞動人民大批南移，卜居浙江，把北方的京都烹飪文化帶到了浙江，也使得南北烹飪技藝廣泛交流，飲食業興旺繁榮，烹飪技術不斷提高，名菜名饌應運而生。

　　據南宋吳自牧著的《夢粱錄》卷十六「分茶酒店」中記載，當時杭州諸色菜餚有兩百八十多種，各種烹飪技法達十五種以上，精巧華貴的酒樓林立，普通食店「遍佈街巷，觸目皆是」，烹調風味南北皆具，一派繁榮景象。北方大批

名廚雲集杭城，使杭菜和浙菜系從萌芽狀態進入發展狀態，浙菜從此立於全國八大菜系之列。

另據南宋人筆記載：趙宋偏安江南，都在臨安，宮廷中就設有「意思蜜煎局」，專制各色雕花蜜煎以供御用。意思蜜煎局的廚師，或以木瓜雕成「鵲橋仙故事」，或以菖蒲或通草雕刻天師雙虎象於中，四周以五色染菖蒲懸圍子左右。又雕刻生百蟲鋪子上，卻以蘚、榴、艾葉、花朵簇擁。由此可見南宋時期廚師食雕技藝之高超。

閱讀連結

相傳，北宋靖康元年（西元一一二六），宗澤出征抗擊金兵，家鄉義烏百姓殺豬宰羊，慰勞親人。為了預防食品變質，他們仿照醃菜製法，將肉用鹽醃製，保鮮到達汴京。宗澤手下將士們吃得津津有味，詢問宗元帥這叫什麼肉，宗澤感慨地說：「此乃吾家鄉肉也。」從此「家鄉南肉」成了鹹肉的美稱，並廣為流傳，沿用至今。

後來，宗澤將金華民間醃製的「醃腿」獻給朝廷，康王趙構見其肉色鮮紅似火，讚不絕口，賜名「火腿」，故又稱「貢腿」。因火腿集中產於金華一帶，俗稱「金華火腿」。後輩為了紀念宗澤，把他奉為火腿業的祖師爺。

▌明清時期浙菜形成特色

■浙菜之杭幫菜博物館

　　明清時期的五百多年間，浙菜已經相當廣泛，而且這個時期是浙江菜系迅速形成與發展的重要階段，同時為當今浙菜奠定了基礎。

　　比如明代浙江慈溪名廚潘清渠寫的《饕餮譜》等書，就詳細記載了浙江等地的四百一十二種肴饌。據傳說，明代溫州某古剎有一位老方丈，孤身一人赴福建取經。不幸途中遇上大風流，小船頃刻覆沒，老方丈葬身魚腹。留在寺中的小和尚獲知噩耗，悲痛萬分，便帶唸經的木魚，到師父遇難的地方唸經超度。

　　過了七七四十九天，小和尚突然發現海面上浮起了許多金光閃閃的黃魚。他一看，猛然想起師父走時穿的那件黃色袈裟，心想這些魚肯定是吃了師父的肉體才顯出黃色。

於是，他怒火中燒，立即把這些黃魚撈起來，剝去皮，洗淨內臟，抽了骨，把魚剁成肉醬，然後放在木魚上狠狠地敲起來。

小和尚把魚肉敲成一片片薄餅狀的魚片，他把這些魚片放在船上曬乾，帶回留念。由於數量過多，多餘的就留在船上。船翁吃飯時，揀了些魚片切絲熬湯，沒想到味道異常鮮美。消息不脛而走，後來人們把這道菜稱為「三絲敲魚」，這道製法奇特的菜餚也就流傳至今。

明末清初，「崇仁燉鴨」在清高宗弘曆年間已在嵊州等地廣為流傳。每到冬季，家家戶戶用土瓦罐燜燉老鴨，老少食之用以進補暖身。清乾隆每下江南必去鄉村酒肆大解龍饞。到了清道光、咸豐年間，崇仁燉鴨已成為江浙地方官年年賀歲的必貢品。

崇仁燉鴨精選常年放養的農家老鴨為主料，用傳統的燜燉工藝與現代科技手段完美結合，經高溫瞬間滅菌，真空保鮮包裝精製而成。其香味獨特濃郁，口味鮮美道地。

傳說清乾隆下江南時來到杭州，有一次他穿便服上吳山私遊，中午時分恰逢大雨，躲避於山腰間一戶人家的屋簷下。

時近中午，乾隆又冷又餓，便推門入室向這家主人以求午餐，主人見狀十分同情，將家中僅有的一塊豆腐，一半用來燒菠菜，一半與半片魚頭在砂鍋中燒燉。

做好之後給乾隆吃。這時饑腸轆轆的乾隆，覺得菜飯味道特別好，他回京後還念念不忘這頓美餐。

美食中華：八大菜系與文化內涵

清鮮脆嫩 浙菜

當乾隆第二次來杭州時，正逢春節，為了報答王小二一餐之贈，乾隆賜銀子助王小二在河坊街吳山腳下開了一家飯館，又親筆題了「皇飯兒」三字。還寫了一副對聯相贈：

肚饑飯碗小，魚美酒腸寬；

問客何所好，豆腐燒魚頭。

王小二把這副對聯掛在店中，並且精心經營，專門供應魚頭豆腐等菜餚，顧客慕名而來，生意興隆，「砂鍋魚頭豆腐」也成為歷久不衰的杭州傳統名菜。

還有傳說當年乾隆來杭州西湖遊玩，時值清明，乾隆到龍井茶鄉時，天忽下大雨，只得就近步入一位村姑家避雨。村姑好客，拿出新採的龍井，用山泉沏了一杯好茶，招待乾隆。乾隆喝後頓覺香馥味醇，就想帶一點回去慢慢品嚐，可又不好開口，便趁村姑不注意，悄悄抓了一把，藏在便服內的龍袍裡。

一會，雨過天晴，乾隆告別村姑，繼續遊山玩水，到了太陽下山了，又餓又渴，便在西湖邊一家小酒店入座，點完菜，忽然想起帶來的龍井茶葉，於是撩起便服，邊取茶葉，邊叫店小二泡茶。

店小二接茶葉時，瞥見乾隆便服內穿著龍袍，嚇了一跳，趕緊跑進廚房面告掌勺的店主。店主正在炒蝦仁，一聽聖上駕到，心裡一慌，忙中出錯，竟將小二拿進來的龍井茶葉，當成切細的蔥花，撒進了鍋中，蔥花拌蝦仁，變成了茶葉燴蝦仁。

這盤菜端到乾隆面前，乾隆聞了下，清香撲鼻，盤子裡蝦仁鮮嫩晶瑩，嘗了一口，頓時覺得美味可口，連聲稱讚，「好菜！好菜！」

正是：乾隆無意露龍袍，廚師出錯成佳餚。從此，龍井蝦仁聞名於世。

清代關於烹飪的著述立論很多，以紹興人童岳薦的廚膳祕笈《調鼎集》與著名文學家袁枚的《隨園食單》為代表，彙集了浙江一帶的眾多風味菜餚，並進行了系統的整理，把中國廚師的烹飪經驗上升為理論，對中國烹飪界產生了巨大的影響。

閱讀連結

傳說，當年乾隆皇帝微服出訪江南，不小心流落荒野。有一個叫花子看他可憐，便把自認為美食的「叫花雞」送給他吃。乾隆困餓交加，自然覺得這雞異常好吃。吃畢，便問其名，叫花子不好意思說這雞叫「叫花雞」，就胡吹這雞叫「富貴雞」。乾隆對這雞讚不絕口。叫花子事後才知道這個流浪漢就是當今皇上。

「叫花雞」因為乾隆皇上的金口一開，成了「富貴雞」。流傳至今，也成了一道登上大雅之堂的名菜。

美食中華：八大菜系與文化內涵

香郁酸辣 湘菜

香郁酸辣 湘菜

　　湘菜就是湖南菜，是中國歷史悠久的一個地方風味菜。湖南地處中國中南地區，氣候溫暖，雨量充沛，自然條件優越，物產豐富，早在漢代就已經形成菜系，烹調技藝水準很高。湘菜以長沙、衡陽、湘潭為中心，其中以長沙為主，講究菜餚的內涵和外形的統一，是漢族飲食文化八大菜系之一。

　　湘菜歷來重視原料互相搭配，滋味互相滲透，調味尤重酸辣。用酸泡菜作調料，佐以辣椒烹製出來的菜餚，開胃爽口，深受青睞，成為獨具特色的地方飲食習俗。

▍秦漢以前的湘菜特色

■湘菜雙椒魚頭

　　春秋戰國時期，湖南主要是楚人和越人生息的地方，多民族雜居，飲食風俗各異，祭祀之風盛行。

　　漢代王逸《楚辭章句》解釋《九歌》時說：

　　昔楚國南郢文邑，沅湘之間，其俗信鬼好祠，其祠必作歌樂鼓舞以樂諸神。

　　每次祭祀活動總是宴飲伴隨著舞樂的形式出現。祀天神、祭地祇、享祖先、慶婚娶、迎賓送客都要聚餐。對菜餚的品種有嚴格要求，在色、香、味、形上也很講究。

　　傳說很久以前，在湖南，有一位將軍，非常英勇，在一次戰役中，他的軍隊被敵人包圍了，他帶領士兵多次突圍都沒有成功。最後，他們被迫撤退到一座大山中。

　　他們帶的糧食已經吃光了，這位將軍就和他身邊的幾位士兵在溪水中抓鱔魚為食，使他們度過了艱難的日子。

直到援軍到來，他和士兵一起再次突圍，這次他們成功了，當敵人被消滅之後，將軍也因為年老而脫去戰袍告老還鄉。

後來，這位將軍和他的幾位士兵便在長沙城外開了一家飯店，專做鱔魚出了名。

從此以後，人們把這道菜叫做「子龍脫袍」，這是一道以鱔魚為主料的傳統湘菜。鱔魚在製作過經過破魚、剔骨、去頭、脫皮，然後加上辣椒等佐料做出來的，鮮美無比。

據考古發現，從湖南的新石器遺址中出土的大量精美的陶食器和酒器，以及伴隨這些陶器一起出土的穀物和動物骨骸的殘存來測算，證實瀟湘先民早在八九千年前就脫離了茹毛飲血的原始狀態，開始吃熟食了。

如在西元前三百多年的戰國時代，偉大的詩人屈原被流放到湖南，寫出了著名詩章《楚辭》。其中的《招魂》和《大招》兩篇就反映了當時的這種祭祀活動中豐富味美的菜餚、酒水和小吃情況。《招魂》中有一段這樣的描寫：

食多方兮，稻粢穱麥，挐黃粱兮。大苦鹹酸，辛干行兮。肥牛之犍，臑若芳兮。和酸若苦，陳吳羹兮。胹鱉炮羔，有柘漿兮。鵠酸臇鳧，煎鴻鶬兮。露雞臛蠵，厲而不爽兮。

意思是說，吃的菜餚豐富多彩。稻米、小米、黃粱隨你食用。酸、甜、鹹、苦，調和適口。肥牛的蹄筋又軟又香。有酸苦風味調製的吳國羹湯。燒甲魚、烤羊羔還加上甘蔗汁。醋烹的天鵝、燜野雞、煎肥雁和鶬鶴，還有滷雞和燉龜肉湯，味美而又濃烈啊，經久不散。

另外，《大招》裡還提到有「楚酪」就是楚式奶酪，「醢豚」就是小豬肉醬，「苦狗」就是狗肉乾，「炙鴉」就是烤烏鴉，「烝鳧」就是蒸野雞，「煎」就是煎鯽魚，「雀」就是黃雀羹等菜餚。

從中我們可以知道，在當時湖南先民的飲食生活中已有燒、烤、燜、煎、煮、蒸、燉、醋烹、鹵、醬等十餘種烹調方法。所採用的原料，也都是具有楚地湖南特色的物產資源。

此外，根據《楚辭》的記載，當時的小吃也是很有特色的。屈原這樣描寫道：

粔籹蜜餌，有餦餭兮。瑤漿蜜勺，實羽觴兮。挫糟凍飲，酎清涼兮些。華酌既凍，有瓊漿兮。

意思是說，有油煎的蜜糖糯米粑粑和蒸熟的蜜餅，還有飴糖。冰鎮的糯米酒真清涼醇厚，玉黃色的黃酒夠你陶醉。

以上都可以說明早在戰國時期，湖南先民的飲食生活相當豐富多彩，烹調技藝相當成熟，形成了酸、鹹、甜、苦等為主的南方風味。

據考古及史載資料證實，春秋戰國時期湖南先民的日常主食有稻、粱、豆、麥、黍、稷、粟、米等，但主要是稻米，而蒸飯的器具用甑、鍋、釜等。

蒸熟的飯，顆粒不黏，味甘適口。煮粥則用鬲，將米和水同放鬲中加火煮，米熟即得。飯粥蒸煮、菜餚烹調之後，須盛之以器，才能方便食用。

當時湖南盛食之器，不僅品種齊全，而且精緻雅觀。就質料而言，主要包括陶器、青銅器、鐵器、漆器等。這些食器，雖然自殷商以來就出現了，但在湖南，其造型具有自己的特色。尤其是湖南長沙等地楚墓中出土的數千件漆器，造型優美，色彩豔麗，花紋流暢。

到了秦漢兩代，湖南的飲食文化逐步形成了一個從用料、烹調方法到風味風格都比較完整的體系，其使用原料之豐盛，烹調方法之多彩，風味之鮮美，都比較突出。

從湖南長沙市馬王堆的軑侯妻辛漢墓出土隨葬遺策中可以看出，在 2000 多年前的西漢時，湖南的精肴美饌已近百種。僅肉羹一項就有 5 大類 24 種。

用純肉燒的叫太羹，是羹中最好的，有 9 種，均為濃湯；用清燉方法煮的清湯叫白羹，有牛白羹、鹿肉芋白羹、鮮鱖藕鮑白羹等 7 種；加芹菜燒的肉羹叫中羹，有狗巾羹、雁巾羹、鯽藕中羹 3 種；用蒿燒的肉羹叫逢羹，有牛逢羹、羊逢羹、豕逢羹；用苦菜燒的肉羹叫苦羹，有狗苦羹和牛苦羹兩種。

另外還有 72 種食物。如「魚膚」是從生魚腹上割取的肉；「牛膾」、「鹿膾」等是把生肉切成細絲製成的食物；「熬兔」、「熬陰鶉」是干煎兔或鵪鶉等。

從出土的西漢遺策中可以看出，漢代湖南飲食生活中的烹調方法比戰國時代已有進一步的發展，發展到羹、炙、煎、熬、蒸、濯、膾、脯、臘、炮、醢、苴等多種。烹調用的調料就有鹽、醬、豉、曲、糖、蜜、韭、梅、桂皮、花椒、茱萸等。

　　由此可見，湘菜歷史悠久，早在漢代就已經形成菜系，烹調技藝也已經有相當高的水準。

閱讀連結

　　「冰糖湘蓮」是湖南甜菜中的名肴。自西漢年間用白蓮向漢高祖劉邦進貢，故湘蓮又稱貢蓮。湘蓮主要產於洞庭湖區一帶，湘潭為著名產區，市內以花石、中路鋪兩地所產最多，質量也最好，有紅蓮、白蓮之分，其中白蓮圓滾潔白，粉糯清香，位於全國之首。

　　在挖掘湖南長沙馬王堆漢墓時，發現長沙第一代軑侯利蒼就食用過蓮子。後來的金代詩人張楫品嚐「心清猶帶小荷香」的新白蓮後，曾發出「口腹累人良可笑，此身便欲老湖湘」的感嘆。

▎唐宋時期形成湘菜特色

■湖南剁椒魚頭

　　南北朝以後至唐宋時期，湖南逐漸為執政者和士大夫所重視，「遷客騷人，多會於此」。他們或仰慕山水，來此遊覽；

或遭受貶謫，到此治理。這一方面促進了文化的繁榮與發展，另一方面，也豐富和活躍了湘菜行業。

唐高宗儀鳳年間，蘇州城裡滾繡坊有位書生，名叫柳毅，進京趕考，可名落孫山。回來的途中在草原牧場上看到一位年輕女子在牧羊，但形容憔悴，娥眉顰蹙，卻又不失大家閨秀的氣質。

幾經動問，才知道該女子乃洞庭湖龍君的三公主，因受盡丈夫涇河龍王二兒子的欺凌虐待，最後被貶到草原放羊。但身在異鄉客地，無法讓數千里外的父母瞭解受迫害的苦情，得知柳毅來自家鄉太湖之濱的蘇州，便托他鴻雁傳書。柳毅表示定當竭盡全力去送信。

不久後，柳毅見到龍王后，呈上了龍女的書信。後來龍王解救出了龍女。洞庭君為了表示感謝大擺筵席宴請柳毅，而龍女也愛上了心地善良的秀才柳毅，在宴席上，龍女在金色鯉魚中藏入珍珠一斛相贈。

後來，人們用金絲鯉做菜，內外鑲嵌形似珍珠的湘白蓮，取名「龍女斛珠」。這道菜是湘菜中稍有的清香淡雅，不光造型美觀、色彩鮮豔，魚肉的鮮美也和蓮子的粉糯相互襯托，恰到好處。

相傳在唐玄宗開元年間，湖南省安東縣城裡有一家由三位老年婦女所開的小飯店。有一天晚上，店裡來了幾位經商的客官，他們要求做幾樣口味鮮美的菜餚。當時店裡的菜已賣完。

店主正在發愁，突然聽到雞叫，他便把自己餵的雞抓來兩只，馬上宰殺洗淨，切成小塊，加上薑、蔥、辣椒等佐料，經旺火、熱油略炒，再用鹽、酒、醋燜燒後淋上麻油出鍋。

當店主把這道菜端給客人後，他們聞到雞的香味撲鼻，客人們一吃雞肉鮮嫩，客人們吃後非常滿意，到處宣傳，當地縣太爺也是風聞此事。

有一次縣裡為修一座大橋，要搞一個開工典禮。於是縣太爺想起人們傳聞由三位老婦人開的小店做的雞，很有特色，便請人把這三位老婦人請來做菜，縣太爺點了這道菜。

店主和三位老婦人商量，這次要多加一些酸辣的佐料，因為店主聽說縣太爺的口味重。當這道菜做好之後，店主端上桌子，縣太爺和客人們一看，此菜色澤素雅，質樸清新，酸，辣，鮮，嫩。

縣太爺和大家品嚐後讚不絕口。縣太爺問及菜名，店主一時答不上來，縣太爺笑著說：「為紀念這次東安大橋開工盛典，就叫『東安子雞』吧。」大家都說好，於是「東安子雞」這道菜就流傳了下來。

唐代大詩人李白流連於洞庭湖，他在湖上夜飲時，曾經寫出了「白鷗閒不住，爭拂酒宴飛」的佳句。

唐代詩人杜甫曾有「青青竹筍迎船出，日日江魚入饌來」的詩句，對魚饌倍加讚賞。另一著名詩人王昌齡，則有感於湘西山區的野宴，留下了「沅溪夏晚足涼風，春酒相攜就竹叢」的描繪。像懷胎鴨、子龍脫袍等傳統名菜，到今天已具有千百年的歷史。

據說，宋代大文豪蘇東坡有一次途經祁陽，被當地山水奇景所吸引，祁陽知縣特邀其夜遊浯溪，並在船上設宴相待。

蘇東坡異常興奮，當他正要揮毫作詩時，毛筆突然被一股旋風捲走，落在江中，立刻變成無數形似筆桿、色澤鮮豔的魚。古人詩曰：「天意東坡不留字，神筆化作席上珍。」名菜「祁陽筆魚」便由此而得名。祁陽筆魚形似毛筆狀，肉質細嫩，營養豐富，有「席上珍品」之稱。

蘇軾亦經常親自「煮魚羹以待客，客未嘗不稱善」。這些人文歷史文化的熏染，無疑促進了湖湘魚饌的發展，進一步豐富了其深厚的內涵。

閱讀連結

「蝴蝶飄海」又名「才魚漂海」，是岳陽傳統的大眾化名肴。洞庭湖區歷來有用七星爐烹煮魚鮮的習慣。

此菜主料為洞庭湖特產的才魚，又名「烏魚」、「黑魚」。剔除皮、內臟、鰭、刺、頭、骨，留下身段的純肉，採用橫刀法切成薄片，魚片便自然形成蝴蝶狀；再將所剔除之皮、頭、骨、刺等煨湯，然後取精湯入燉鉢，再放入豆芽或菠菜、香菇、火腿片、銀魚等及薑米、醬油、精鹽、味精、香油、蔥花、辣椒等調味品，置小火爐上煮沸，將生魚片從一邊投入，稍涮後再從另一邊迅速撈出，好似蝴蝶雙雙漂洋過海。

▌明清時期湘菜全盛發展

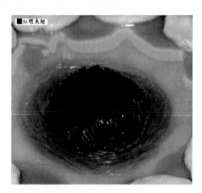

■紅煨魚翅

　　明清時期，是湘菜發展的全盛時期，這是與當時社會經濟、尤其是城市經濟文化的發展分不開的。

　　製作精緻的菜餚，必須具有一定的經濟實力和物質條件，當然還要有食客品嚐的閒情雅緻，而這只有在達官貴族的家庭才能具備，一般民眾只可能在家常菜色上花樣翻新。因此，湘菜品味質量的高度發展、烹飪技術的長足發展，是在富裕之家以及官宦衙門中興起的。

　　相傳在清光緒年間，有位湖南的進士譚延闓，他經常食用紅煨魚翅。有一次譚延闓要請一位客人，但聽說這位客人是一位美食家。為了能讓這位美食家客人品嚐到湘菜的特色，他便讓廚師對譚家的紅煨魚翅進行改造，使這道菜更加鮮美。

　　譚府的一位廚師是一位做紅煨魚翅的高手，為了讓譚延闓和客人滿意，他經過多次嘗試，便將用紅湯煨制魚翅改為用嫩雞、五花肉與魚翅同時煨制。

當這道經過廚師改造加工後的魚，端上客桌之後，譚延闓請那位美食家客人品嚐，這位美食家客人嘗了一口，頓時感到鮮美、軟糯、柔滑、醇香，對譚府這道菜讚不絕口。

　　於是，後來人們便將紅煨魚翅改為此法烹製。因為譚延闓字祖庵，所以後人都把這道菜命名為「祖庵魚翅」。

　　傳說清末官吏莊賡良，為江蘇武進人，出身世宦之家，頗講究飲食。他曾任湖南地方兵備道、按察使、布政使等，在長沙也頗有權勢。因其好美食，便成為長沙許多大酒樓的座上客。

　　有一次，莊賡良來到長沙豫湘閣酒樓，讓掌廚師傅肖麓松做份爽口的新鮮菜。肖麓松從廚多年，烹飪技藝高超，他做的菜曾令許多食客讚歎不已。

　　但肖麓松也知道讓這位莊大人滿意並非易事，急得在廚房中直轉悠。正巧有兩位廚師在烹製紅煨魚翅和油淋雞，他靈機一動：何不將「油淋」和「紅煨」用於一菜呢？

　　於是他將煨製入味的雞再用油淋，成菜香酥軟爛，香濃爽口，莊賡良品嚐後連聲稱好。莊大人一叫好，來這兒點名吃這道菜的人也多起來，但得有個菜名呀，因源自莊賡良，便稱之為「油淋莊雞」。

　　據記載，長沙作為湖南的首府，湘菜的發展狀況尤其具有代表性。例如，在清代中期，長沙城內陸續出現了對外營業的菜館。

　　這些菜館分為「軒幫」和「堂幫」兩種。軒幫有長盛軒、紫雲軒及聚南珍等數家，專營菜擔；堂幫有旨階堂、式讌堂、

先垣堂、菜香堂、嘉賓樂、餚香居、慶星園、同春園、六香園、菜根香十家，人稱「十柱」，以經營堂菜為主。

隨著明清時期社會政治、經濟、文化、交通的不斷發展，南來北往的官宦商賈、文人墨客日益增多，有需求便有發展，堂幫菜館的生意日益興隆，更多的湘菜堂館便應運而生，接著，堂幫又陸續開設了天居樂、天然臺、玉樓東、挹爽樓、曲園、讌瓊園、登瀛臺、裕湘閣等菜館酒家。

到清末，堂幫的經營範圍越來越廣，從業人員也越來越多，一些商賈和官衙的廚師相繼開設菜館，各自以拿手的招牌菜招攬生意、招徠食客。

這些人員的素質和眼界遠較市井普通的飲食從業者為高，便組織同業人員籌集資金，在長沙城內的永慶街興建了廚業祖師的廟宇「詹王宮」，作為結幫聚會的場所。在經常的聚會中，他們不斷相互切磋烹飪技藝，收徒傳藝，研製出一些特色名菜，也經研討而初步形成了湘菜的烹飪技術理論。

這些，都在客觀上促進了湘菜品質的提高和飲食業的發展。因此，在明、清兩代，湘菜發展出現了全盛的局面。

閱讀連結

「五元神仙雞」又名「五元全雞」，古已有之。清代《調鼎集》曾有「神仙燉雞」的記載。其製法是「治淨，入鉢，和醬油，隔湯乾燉，嫩雞肚填黃耆數錢，乾蒸更益人」。這是以黃耆燉雞，可以強身健體，延年益壽，故名「神仙雞」。

在清同治年間，已有「五元神仙雞」，據傳為曲園酒樓所制。開始也是用全雞加黃耆蒸制，後來改加荔枝、桂圓、紅棗、蓮子、枸杞子，入體加調味蒸制，名為「五元神仙雞」。

酥脆鹹鮮 徽菜

　　徽菜僅僅指徽州菜，而不能等同於安徽菜。徽菜在南宋年間發端於歙縣，徽州因處於兩種氣候交接地帶，雨量較多，氣候適中，物產豐富。山珍野味構成了徽菜主佐料的獨到之處。是中國漢族八大菜系之一。

　　徽菜的烹飪技法，包括刀工、火候和操作技術。徽菜之重火工是歷來的優良傳統，其獨到之處集中體現在擅長燒、燉、熏、蒸類的功夫菜上。徽菜常用的烹飪技法約有二十大五十餘種，其中最能體現徽式特色的是滑燒、清燉和生熏法，具有獨特風格。

▋發源於唐宋時期的徽菜

■徽菜辣子雞

徽菜起源於黃山山麓的歙縣。而徽州是徽商的發祥地，商業的興起，接連飲食業發達，徽菜也隨之轉移到了屯溪，更加發揚光大。自唐代以後，歷代都有「無徽不成鎮」之說，可見古代江南徽州商業之發達，商賈之眾多。

據記載，徽菜的特色之一是用火腿調味。製作火腿，在徽州也是一門技術。美食家們十分讚賞徽州火腿。只是人們還不瞭解「金華火腿在東陽，東陽火腿在徽州」。

由於徽州一帶在古代屬徽州或徽州邊緣，是徽商首先到達的地方。

李白在金華就曾留下詩名：

聞說金華渡，東連五百灘。

他年一攜手，搖槳入新安。

李白詩中的「新安」就是徽州。在唐代從金華到徽州，僅一水相連，徽州商人來往頻繁，所以就把徽州的火腿技術帶到了浙江金華。

傳說在五代十國後期，後周在周世宗柴榮的治理下逐漸強盛，大有統一全國的勢頭。當時，周統一全國的最大障礙就是在十國中勢力最大的南唐。西元九五六年，柴榮派大將趙匡胤攻取南唐的淮南地區，在攻取淮南軍事重鎮壽春時遭到南唐軍隊頑強的抵抗。

壽春的守將劉仁瞻是南唐的優秀將領，長於計謀，他帶領南唐軍隊防守得非常出色。趙匡胤率強大的周軍苦苦攻打九個多月，才拿下壽春城。

這場曠日持久的攻擊戰，不僅讓周軍死傷了很多士兵，活著的人也付出了巨大的犧牲。作為主帥的趙匡胤更是殫精竭智，疲憊不堪，以至體傷神黯，不思飲食。

趙匡胤的廚師多年跟隨在主帥身邊，見主人如此，心裡非常著急，便想方設法在飲食上面翻花樣，但都未有效果。後來這位廚師參照當地的點心做了一種圓餅獻上。

趙匡胤看到這種色如凝脂、金絲盤繞的糕點，頓時胃口大開，一口氣吃了很多。趙匡胤恢復食慾後，也很快消除疲勞。

幾年之後，趙匡胤奪取柴氏政權，成為大宋王朝的開國皇帝，但他還沒有忘記當年在壽春吃的點心，並說這種點心曾救過他的駕，就賜名為「大救駕」。

酥脆鹹鮮 徽菜

徽菜菜名的詩情畫意，最為著名的例證當然首推傳統徽菜中的那兩道堪稱「貢品」的菜名了，一道叫做《沙地馬蹄鱉》，另一道叫做《雪天牛尾狸》。

據《徽州府志》載：這兩道徽菜菜名的命名者，是一個在宋高宗身邊擔任學士的名叫汪藻的徽州人，他在回答宋高宗關於「歙味」的問題時，巧妙地、儒雅地借用了梅聖俞的兩句詩來為這兩道菜命名，遂使這兩道菜名成為徽菜菜名經典。

徽菜以詩命名，一來使得這兩道山野土菜霎時詩意盎然，借此不但登上了大雅之堂，而且還一步登天登上了皇宮聖殿；二來雙菜同出，兩道菜名既為詩情畫意濃郁的詩句，又為對仗十分工整的楹聯，因而妙趣橫生，成為千古絕唱。由此可見，一個菜系的形成是經濟與文化發展到一定水準的結果。

綠樹叢蔭、溝壑縱橫、氣候宜人的徽州自然環境，為徽菜提供了取之不盡、用之不竭的徽菜原料。得天獨厚的條件成為徽菜發展的有力物質保障。同時，徽州名目繁多的風俗禮儀、時節活動，也有力地促進了徽菜的形成和發展。在績溪，民間宴席中，縣城有「六大盤」、「十碗細點四」，嶺北有「吃四盤」、「一品鍋」，嶺南有「九碗六」、「十碗八」等。

徽州還有一道名菜叫「方臘魚」，又稱為「大魚退將兵」，主要是根據其獨特的造型取名的。不過，若追根溯源，它還與一個古老的故事有關。

北宋末年，宋徽宗派朱勔在江南一帶搜刮珍奇異寶、名花古木，朱勔及其爪牙們仗著皇帝的勢力在江南橫行霸道，他們拆牆破屋、敲詐勒索，弄得民不聊生。

歙州、睦州一帶山清水秀、物產豐富，也成了朱勔等人騷擾、搜刮的主要地區。歙州、睦州人民痛恨官府，在窮苦農民方臘的領導下舉行起義。方臘起義爆發後，江南一帶的老百姓紛紛響應，起義軍迅速攻下金華、杭州等地，聲勢一時很大。

宋徽宗聽到江南起義的消息，連忙將已準備好去收復「幽雲十六州」的大軍交給受寵宦官童貫，讓他率大軍火速南下鎮壓方臘起義。

方臘起義軍後來退到了齊雲山獨聳峰。齊雲山山勢險要，起義軍在此可以居高臨下，打擊敵人的進攻。但這裡糧草不足，難以久居。

宋軍在幾次攻山失利後，便在山下安營紮寨，切斷通往山上的道路，準備將起義軍困死在山上。方臘非常著急，只得在山上到處走動，尋找突圍的時機。

一天，方臘走到山上的一個大水池邊，見裡面有很多魚蝦，頓生一計，他叫來一些戰士，把水池中的魚蝦都捕撈起來，然後集中投向敵人，以此來迷惑宋軍。宋軍將領見山上有如此豐富的魚蝦，以為山上糧草必然充足，一時難以將方臘義軍困死，強攻又攻不上去，只好撤兵而去。

　　宋軍退去之後，方臘命軍中廚師用這種魚做了一道美味的宴席，與將士們吃，大家都說好吃。後來這道菜經過廚師們的不斷改進，就形成了今天的一道名菜「方臘魚」。

　　當年的徽菜，由於紅燒是一大類，而紅燒的「紅」，表現在使用醬油上。徽州的醬油是黃豆製成的，保存本色。炒菜用油是自種自榨的菜籽油，並使用大量木材作燃料：有炭火的溫燉，有柴禾的急燒，有樹塊的緩燒，是比較講究的。

　　徽菜的烹飪技法，包括刀工、火候和操作技術。其常用的烹飪技法約有二十大類五十餘種，其中最能體現徽式特色的是滑燒、清燉和生熏法。

　　徽菜經過名廚的辛勤創造、兼收並蓄，已逐漸從徽州地區的山鄉風味脫穎而出，集中了安徽各地的風味特色、名饌佳餚，逐步成為一個雅俗共賞、南北咸宜、獨具一格、自成一體的菜系。

閱讀連結

　　相傳唐代末年，中原戰亂連年，河北有位叫廷王圭的製墨高手，漂泊到了江南。當時南唐皇帝李煜愛好舞文弄墨，對筆墨之類很是講究，安排廷王圭在徽州造墨。北宋太祖趙匡胤滅南唐後，李煜被北遷到宋都汴京。但李煜痴心作詩，就派人來徽州取墨。

　　徽州墨坊裡此時駐有北宋政府的督貢官，私取貢物，罪犯天條，又不好叫來人空手而回。思忖之際，對面新開的糕團店傳來了誘人香味，過去一看，那新搗的黑麻餡同墨坊裡的「墨料」一模一樣。

於是，督貢官取來「墨模」，借了麻餡，批上「墨錠」2字交來人帶走。後來，徽墨酥的香味，也飄揚在汴京了。

盛行於明清時期的徽菜

■毛豆腐

據傳說，明太祖朱元璋幼年時，因家境貧寒，致使他不得不很早就去給地主當長工。他曾在一家財主家放牛，除了白天放牛外，半夜裡還要起來與其他長工們一起磨豆腐。朱元璋手腳勤快，虛心好學，不明白的事情常向其他年長的叔叔伯伯及兄長們請教，與其他一些長工們相依為命，親如一家。

長工們都把朱元璋當成自己的孩子或親弟弟看待，有什麼好吃的都會給他留著，有什麼重活、累活，儘量不讓他幹，生怕累壞了他的身子。將他辭退了。

朱元璋沒有辦法，只得到處行乞，常與一座破廟裡的乞丐來來往往。仍留在原來財主家幹活的叔叔伯伯及兄長們，

美食中華：八大菜系與文化內涵

酥脆鹹鮮　徽菜

時時刻刻惦記著朱元璋。他們得知朱元璋每天都要到那座破廟裡去，便輪流從財主家悄悄地拿些吃的給他送去。

他們將一些飯菜和鮮豆腐，藏在廟裡的乾草堆裡，到時，朱元璋悄悄取走，與其他一些小夥伴們分食。

就這樣過了幾年，朱元璋的父母和兄長都相繼去世，剩下他獨自一人，更加孤苦伶仃，無依無靠。不久，他到寺廟裡當了和尚。

長工們心中仍放心不下，常常給他送吃的去。大家知道朱元璋喜歡吃豆腐，就每天給他送去一大碗新鮮豆腐。長工們每天將豆腐放在固定的地方，朱元璋每天去取。

有一次，因寺廟做廟會，朱元璋忙於張羅別的事去了，一連好幾天沒有去取豆腐。數日之後，朱元璋想起去取叔叔們給自己送來的豆腐，跑去一看，豆腐上長了厚厚的一層白毛。他將豆腐拿起來聞了聞，不僅沒有異味，反而有一股清香味。

朱元璋深知這是叔叔及兄長們的一片心意，捨不得將豆腐丟棄，便將豆腐拿回廟中，將其切成小塊，用油煎炸，頓覺香氣撲鼻，令人垂涎。

元末農民起義爆發後，朱元璋投奔了義軍。1357 年春，他率領義軍在徽州駐防時，常親自教隨軍的廚師們製作煎製毛豆腐。自此以後，此道菜就在當地廣為流傳，並被後人美譽為「虎皮毛豆腐」。

後來，朱元璋當了皇帝，不太喜歡皇宮中的美味佳餚，仍很懷念與他結下不解之緣的虎皮毛豆腐，常叫人按他親口

傳授的方法製作正宗的虎皮毛豆腐。久而久之，這道菜便成了御膳房必備的佳餚。

明初，戶部尚書連心榮將皖南山區的馬蹄鱉進貢給朱元璋，皖南山區，山高蔽陰，溪水清澈，淺底盡沙，所產之甲魚質地高出一等，腹色青白，肉嫩膠濃，無泥腥氣。

當地民謠說：「水清見沙底，腹白無淤泥，肉厚背隆起，大小似馬蹄」，所以叫「沙地馬蹄鱉」。它採用火腿佐味，冰糖提鮮，炭火風爐小火細燉，熟後香氣撲鼻，肉質酥爛，裙邊滑潤。

醫學記載，甲魚有滋陰補陽、軟堅散結和清香虛熱之作用。近代研究表明，甲魚富含動物膠、碘、銅、維生素等，有滋陰補腎、滑症等功效。

相傳清道光以後，隨著上海成為對外出口的國際港口後，安徽山區把原經江西轉廣州出口的土特產，改由經新安江至杭州轉上海出口。這樣，屯溪便成了集散中心，商業興盛，飲食業發達。

由於山區水產品少，所以長江沿岸地區的望江、無為等地商販，每年到重陽節後，長江名產桂魚上市的時候，將魚挑至屯溪出售。從望江一帶到屯溪行程七八天。

商販為預防桂魚在路上臭腐，在行前將桂魚放於木桶中，一層魚灑一層淡鹽水，途中住宿時，將魚翻動一次。這樣到屯溪，桂魚可不變質，鰓仍紅，但散發出一種異味。經廚師熱油鍋一煎，小火細燒後，則鮮味透骨，顯得特別鮮美。

就這樣，屯溪「臭桂魚」出了名。它同北京臭豆腐一樣，「臭」是「鮮味」的代名詞。所以當地又叫「醃鮮桂魚」。此菜成名已有一百多年的歷史，每至重陽節桂魚上市，人們都以一嘗此魚為快事。

明清時期徽菜的形成、發展，其實與徽商的崛起有密切的關係。徽商的崛起使徽州社會風氣發生了由儉到奢的變化，促使徽菜形成了重油、重色、重火功的「三重」特色。徽商奢靡的飲食活動進一步促進了徽菜烹飪技藝的提高。同時，明清徽商經營地域十分廣泛，徽商也對徽菜和其他菜系的交流造成了積極的促進作用。

據史籍記載，清代「徽館」鼎盛時竟有四百多家。而績溪伏嶺下村家家戶戶出徽廚，他們作為徽幫廚師的主力軍，伴隨著徽商的足跡，把徽菜館開遍了中國的大江南北。

徽菜具有豐富的文化內涵，其最大特點就是融徽州文化、徽商與徽菜製作為一體。徽菜的「五色繡球」出於民間娛樂；「翡翠蝦仁」來自域外風情；「全家福」又反映了在家的父母、夫妻、兄弟、姐妹的良好祝願。其他名菜還有「火腿燉甲魚」、「紅燒果子狸」、「醃鮮鱖魚」、「黃山燉鴿」等上百種。由此可見徽菜文化之一斑。

閱讀連結

傳說清代徽州府有個農民帶著四隻羊乘渡船過練江，由於艙小擁擠，一不小心就把一隻成年公羊擠進了河裡，引來了許多的魚。當羊沉入水底時，魚兒便蜂擁而至，你爭我搶地爭食羊肉。附近有位漁民正駕小漁船從此處經過，見如此

多的魚在水面上亂竄，忍不住撒了一網，網收上岸拿到家後，覺得今天的魚特別重，就用刀切一條魚的肚子，見裡面裝滿了羊肉。

　　漁民很新奇，就將魚洗淨，封好刀口，連同腹內的碎頭羊肉一道燒煮。結果燒出來的魚，魚酥肉爛，不腥不羶，湯味鮮美，風味特殊。從那以後，當地人就將這樣燒成的菜取名為「魚咬羊」。

國家圖書館出版品預行編目（CIP）資料

美食中華：八大菜系與文化內涵 / 錢佳欣 編著 . -- 第一版 .
-- 臺北市：崧燁文化 , 2020.04
　　面；　公分
POD 版

ISBN 978-986-516-169-9(平裝)

1. 飲食風俗 2. 中國

538.782　　　　　　　　　　　108018857

書　　　名：美食中華：八大菜系與文化內涵
作　　　者：錢佳欣 編著
發 行 人：黃振庭
出 版 者：崧燁文化事業有限公司
發 行 者：崧燁文化事業有限公司
E - m a i l：sonbookservice@gmail.com
粉 絲 頁：　　　　　　網址：
地　　　址：台北市中正區重慶南路一段六十一號八樓 815 室
8F.-815, No.61, Sec. 1, Chongqing S. Rd., Zhongzheng
Dist., Taipei City 100, Taiwan (R.O.C.)
電　　　話：(02)2370-3310 傳　真：(02) 2388-1990
總 經 銷：紅螞蟻圖書有限公司
地　　　址：台北市內湖區舊宗路二段 121 巷 19 號
電　　　話：02-2795-3656 傳真：02-2795-4100　　網址：
印　　　刷：京峯彩色印刷有限公司（京峰數位）
　本書版權為千華駐科技出版有限公司所有授權崧博出版事業有限公司獨家發行
　電子書及繁體書繁體字版。若有其他相關權利及授權需求請與本公司聯繫。
定　　　價：250 元
發行日期：2020 年 04 月第一版
◎ 本書以 POD 印製發行

獨家贈品

親愛的讀者歡迎您選購到您喜愛的書，為了感謝您，我們提供了一份禮品，爽讀 app 的電子書無償使用三個月，近萬本書免費提供您享受閱讀的樂趣。

ios 系統　　　　　安卓系統　　　　　讀者贈品

請先依照自己的手機型號掃描安裝 APP 註冊，再掃描「讀者贈品」，複製優惠碼至 APP 內兌換

優惠碼（兌換期限 2025/12/30）
READERKUTRA86NWK

爽讀 APP

📖 多元書種、萬卷書籍，電子書飽讀服務引領閱讀新浪潮！

🎧 AI 語音助您閱讀，萬本好書任您挑選

🔍 領取限時優惠碼，三個月沉浸在書海中

🔔 固定月費無限暢讀，輕鬆打造專屬閱讀時光

不用留下個人資料，只需行動電話認證，不會有任何騷擾或詐騙電話。